ビジネス実務マナー検定
受験ガイド

1級

〈増補版〉

公益財団法人 実務技能検定協会

現代社会は企業によって成り立っています。そこでこの社会は「企業社会」または「ビジネス社会」という言い方がされています。

社会ですからそこに生きる人は，その社会を知って身を処していかなければなりません。

ビジネス社会には，その社会を律するための秩序があります。この秩序を知ることがビジネス社会を知ることです。社会を知ったら，それに合わせて行動することが身を処するということです。

本書の書名の「ビジネス実務マナー」とは，ビジネス（実務）社会に身を置いたときの身の処し方（マナー）を扱っています。

今，世間では，一般に規範を守る意識が薄くなり，その元になる礼儀，道徳心の欠如が問題になっていますが，ビジネス社会ではこのようなことは許されません。世間では規範に従わなくても生活に直接影響しませんが，ビジネス社会では秩序に従って規範を守らないと社会が成り立たないからです。

本書は検定試験受験ガイドとして受験のための基礎知識を扱っていますが，内容はビジネス社会の秩序と規範についてのことです。

現代社会での自己実現は多くの場合職業生活を通じてしかできません。本書の活用により検定に合格し，ビジネス社会の一員として自信を持って活躍できることを期待しています。

増補版の発行について

　令和2年度より，ビジネス実務マナー検定の出題領域に「電話実務」が新たに取り入れられました。これにより従来の「ビジネス実務マナー検定受験ガイド1級」に，第4章を「電話実務」として追加し，第4章「技能」領域を第5章として改めました。

　なお，第4章以外（第1章，第2章，第3章と第5章）の内容は，従来の受験ガイド1級と変わっていません。

本書の使い方

　『ビジネス実務マナー検定受験ガイド1級〈増補版〉』（以下『ガイド1』）は，「ビジネス実務マナー技能審査基準」（p.10）に基づいて編集されたテキストで，「記述編」と「面接編」の二部構成になっています。

　そしてこの『ガイド1』は，『ビジネス実務マナー検定受験ガイド3級〈増補版〉』（以下『ガイド3』）『同受験ガイド2級〈増補版〉』（以下『ガイド2』）を基本に置きながら，実践編として解説しているものです。

　　　　　＊ビジネス実務マナー検定試験は，この審査基準に従って出題されています。

　なお，『ガイド1』の本文には，「『ガイド3』と『ガイド2』から，その内容を再確認してください」などと書き表している箇所があります（「確認事項」など）。これは，ビジネス実務の基本と応用の確認（復習）は重要であるとの編集方針から設定したもので，基礎と応用が身に付いている場合はその限りではありません。本書を中心に学習を進めてください。

　　　　　＊なお，本書と『ビジネス実務マナー検定実問題集1・2級』を併用すれ
　　　　　　ば，より効果的に学習を進めることができます。

　また随所にコラムを設け，ビジネス実務マナーの心を紹介しています。特に，これからはヒューマンスキルが重要な時代です。改めて，ビジネスパーソンならではのヒューマンな対応を学んでください。（人名の肩書は当時のままとしています）

　　　　　＊コラムに引用した事例の書籍も，機会があれば，ぜひ手にとってお読み
　　　　　　ください。

目 次

記述編

Ⅰ 必要とされる資質

(1) ビジネスマンとしての資質

(2) 執務要件

Ⅱ 企業実務

(1) 組織の機能

Ⅲ 対人関係

(1) 人間関係

(2) マナー

(3) 話し方

(4) 交際

目 次

ビジネス実務マナー技能検定の受け方

1 ビジネス実務マナー技能検定試験の概要

①ビジネス実務マナー技能検定試験の範囲

試験の範囲は次の5領域です。

Ⅰ　必要とされる資質

Ⅱ　企業実務

Ⅲ　対人関係

Ⅳ　電話実務

Ⅴ　技能

級位には3級，2級，1級があり，それぞれの級位によって，必要とされる技能の段階に違いがあります。詳しくは「審査基準」をご覧ください。

②各級位において期待される技能の程度

■3級の程度

ビジネス実務の遂行に必要な一般的知識を持ち，平易な業務を行うのに必要な技能を持っている。

■2級の程度

ビジネス実務の遂行について理解を持ち，一般的な業務を行うのに必要な知識，技能を持っている。

■1級の程度

ビジネス実務の遂行について深い理解を持ち，業務全般に関して，高度の知識，技能を発揮できる。

③試験の方法

2級・3級は筆記試験によって，受験者の技能が審査されます。問題は選択肢による択一方式によるものと，記述式の解答をするものから構成されます。

1級は，全問題とも記述式です。また，筆記試験合格者には面接試験が課されます。

④受験資格

どなたでも受験することができます。学歴・年齢その他の制限は，一切ありません。

⑤検定についてのお問い合わせ

試験の実施日・会場・検定料，合否通知，合格証の発行などについては，「検定案内」をご覧ください。その他，不明の点は，下記へお尋ねください。

公益財団法人実務技能検定協会　ビジネス実務マナー技能検定部

〒169-0075　東京都新宿区高田馬場一丁目4番15号

電話　(03) 3200-6675

---

② ビジネス実務マナー技能審査基準

ビジネス実務マナー技能の審査基準は以下のように定められています。

3 級

程度	領 域		内 容
ビジネス実務の遂行に必要な一般的知識を持ち、平易な業務を行うのに必要な技能を持っている。	Ⅰ 必要とされる資質	(1) ビジネスマンとしての資質	① 適切な行動力,判断力,表現力が期待できる。 ② 明るさ,誠実さを備えている。 ③ 身だしなみを心得ている。 ④ 自己管理について,理解できる。
		(2) 執務要件	① 平易な仕事を,確実に実行できる能力がある。 ② 良識を持ち,素直な態度をとることができる。 ③ 適切な動作と協調性が期待できる。 ④ 積極性,合理性,効率性について,理解できる。
	Ⅱ 企業実務	(1) 組織の機能	① 業務分掌について,一応,理解している。 ② 職位,職制について,一般的に知っている。 ③ 会社などの社会的責任について,知っている。
	Ⅲ 対人関係	(1) 人間関係	① 人間関係への対処について,一応,理解している。
		(2) マナー	① ビジネス実務としてのマナーを心得ている。 ② ビジネス実務に携わる者としての服装について,一応の知識がある。
		(3) 話し方	① 話の仕方と人間関係との結び付きが分かる。 ② 基礎的な敬語を知っている。 ③ 目的に応じた話し方について,一応,理解している。
		(4) 交際	① 慶事,弔事に関する作法と服装について,一般的な知識を持っている。 ② 一般的な交際業務について,初歩的な知識がある。
	Ⅳ 電話実務	(1) 会話力	① 感じのよい話し方について,一応,理解している。 ② 整った分かりやすい話し方について,一応の知識がある。
		(2) 応対力	① 用件や伝言の受け方について,一応の知識がある。 ② 用件や伝言の伝え方について,一応の知識がある。 ③ 電話の特性について,初歩的な知識がある。 ④ 電話の取り扱いについて,基礎的な知識がある。
	Ⅴ 技能	(1) 情報	① 情報について,一般的な知識がある。 ② 情報の整理について,基礎的な知識がある。 ③ 情報の伝達について,基礎的な知識がある。
		(2) 文書	① 文書の作成について,初歩的な知識がある。 ② 文書の取り扱いについて,基礎的な知識がある。
		(3) 会議	① 会議について,基礎的な知識がある。
		(4) 事務機器	① 事務機器の基本機能について,一応,知っている。
		(5) 事務用品	① 事務用品の種類と機能とを知っている。

※令和2年度より,出題領域に〔電話実務〕を新たに取り入れます。

2 級

程度	領 域		内 容
ビジネス実務の遂行について理解を持ち、一般的な業務を行うのに必要な知識、技能を持っている。	Ⅰ 必要とされる資質	(1) ビジネスマンとしての資質	① 状況に応じた行動力, 判断力, 表現力が期待できる。 ② 明るさ, 誠実さを備えている。 ③ 身だしなみを心得ている。 ④ 自己管理ができる。
		(2) 執務要件	① 一般的な仕事を, 確実に実行できる能力がある。 ② 良識を持ち, 模範となる態度をとることができる。 ③ 協調性のある行動をとることができる。 ④ 積極性, 合理性, 効率性について, 十分理解できる。
	Ⅱ 企業実務	(1) 組織の機能	① 業務分掌について, 理解がある。 ② 職位, 職制の持つ役割および機能について, 知識がある。 ③ 会社などの社会的責任および役割について, 知識がある。
	Ⅲ 対人関係	(1) 人間関係	① 人間関係への対処について, 理解がある。 ② 人間関係の心理について, 基礎的な知識がある。
		(2) マナー	① ビジネス実務としてのマナーを活用できる。 ② ビジネス実務に携わる者としての服装について, 基礎的な知識がある。
		(3) 話し方	① 話し方の成立要件が理解でき, 人間関係への結び付きが分かる。 ② 一般的な敬語が使える。 ③ 目的に応じた話し方ができる。
		(4) 交際	① 慶事, 弔事に関する作法と服装および式次第について, 一般的な知識を持っている。 ② 一般的な交際業務について, 知識がある。
	Ⅳ 電話実務	(1) 会話力	① 感じのよい話し方について, 理解がある。 ② 整った分かりやすい話し方について, 知識がある。
		(2) 応対力	① 用件や伝言の受け方について, 知識がある。 ② 用件や伝言の伝え方について, 知識がある。 ③ 電話の特性について, 知識がある。 ④ 電話の取り扱いについて, 知識がある。
	Ⅴ 技能	(1) 情報	① 情報活動ができる。 ② 情報の整理ができる。 ③ 情報の伝達ができる。
		(2) 文書	① 基本的な文書が作成できる。 ② 一般的な文書の取り扱いができる。
		(3) 会議	① 会議について, 一般的な知識がある。 ② 会議の運営について, 基礎的な知識がある。
		(4) 事務機器	① 事務機器の機能について, 知識がある。
		(5) 事務用品	① 事務用品を適切に使うことができる。

※令和2年度より, 出題領域に〔電話実務〕を新たに取り入れます。

1 級

程度	領 域		内 容
ビジネス実務の遂行について深い理解を持ち、業務全般に関して、高度の知識、技能を発揮できる。	Ⅰ 必要とされる資質	(1) ビジネスマンとしての資質	① 状況に応じた行動力, 判断力, 表現力がある。 ② 明るさ, 誠実さを備えている。 ③ 身だしなみを心得ている。 ④ 自己管理ができる。
		(2) 執務要件	① 一般的な仕事を, 確実に実行できる能力がある。 ② 良識を持ち, 模範となる態度をとることができる。 ③ 協調性のある適切な行動をとることができる。 ④ 積極性, 合理性, 効率性について, 深い認識がある。
	Ⅱ 企業実務	(1) 組織の機能	① 業務分掌について, 深い理解がある。 ② 職位, 職制の持つ役割および機能について, 深い認識がある。 ③ 会社などの社会的責任および役割について, 深い認識がある。
	Ⅲ 対人関係	(1) 人間関係	① 適切な対人行動をとることができる。 ② 人間関係の心理について, 知識がある。
		(2) マナー	① ビジネス実務としてのマナーを活用できる。 ② ビジネス実務に携わる者としての服装について, 知識がある。
		(3) 話し方	① 話し方の成立要件が認識でき, 人間関係への結び付きが理解できる。 ② 高度な敬語が使える。 ③ 目的に応じた話し方が適切にできる。
		(4) 交際	① 慶事, 弔事に関する作法と服装および式次第について, 全般的な知識を持っている。 ② 交際業務全般について, 深い知識がある。
	Ⅳ 電話実務	(1) 会話力	① 感じのよい話し方ができる。 ② 整った分かりやすい話し方が適切にできる。
		(2) 応対力	① 用件や伝言の受け方が適切にできる。 ② 用件や伝言の伝え方が適切にできる。 ③ 電話の特性について, 深い知識がある。 ④ 電話の取り扱いが適切にできる。
	Ⅴ 技能	(1) 情報	① 情報活動が効率よくできる。 ② 情報の整理が合理的にできる。 ③ 情報の伝達が適切にできる。
		(2) 文書	① 一般的な文書が効率よく作成できる。 ② 文書全般について, 取り扱いが適切にできる。
		(3) 会議	① 会議について, 深い知識がある。 ② 会議の運営が一応, できる。
		(4) 事務機器	① 事務機器の機能について, 知識がある。
		(5) 事務用品	① 事務用品を適切に使うことができる。
(備考) ビジネスマンの適性としての口頭表現について面接による審査を付加する。			

※令和2年度より, 出題領域に〔電話実務〕を新たに取り入れます。　　Ⓒ公益財団法人 実務技能検定協会

記述編

1級記述問題について

1級筆記試験は，そのほとんどが記述形式で出題されています。
1級記述問題は，3級と2級の選択問題を基本として作られているので，基本をマスターしていれば特別な準備はいりません。

さて，記述問題を解いていくための第一の鍵は，設問をきちんと読むことです。そして，どこに問題の趣旨（狙い）があるのかを読み解いていくことです。すると，解答のキーワードとなるものが設問の中に見つけることができます。ここから考えを進めていけば，正解を得ることもできるでしょう。

> ＊もう一つの記述対策（参考）
> ①ノートを用意して，事例研究の問題（設問）を書き写す。これは問題のポイントを確実に把握するためである。
> ②慣れてきたら，検定問題に直接下 線（アンダーライン）を引きながらそのポイントを探っていく。

なお，その記述問題の解答は箇条書きで書くことが求められています。
では箇条書きはどう書き表していけばよいでしょうか。
その手本は『ガイド3』と『ガイド2』の事例研究（選択肢問題）です。
この書き表し方に倣って書いていけば，それで箇条書きになります。

> ＊メモで構わないので考え付いた答えを実際に書いていく。実際に書いてみることが記述対策の第一。そして，メモを作る要領で書いていけば，それが箇条書きのスタイルになる。

> ＊記述問題（全領域）での書き表し方は，趣旨，ポイント等を押さえていれば解答例通りでなくてもよい。そして文章力も問わない。

> ＊「箇条書きで三つ答えなさい」とあっても，それ以上考えられることがあればそのまま書いても構わない。が，「三つ書け」との条件があるのだから，内容を三つに整理して書くのが1級としてのベストな対応。

それでは，第Ⅰ章「必要とされる資質」から，具体的に検討していきましょう。

I

必要とされる
資質

omoiyari

① ビジネスマンとしての資質

① 状況に応じた行動力，判断力，表現力がある。
② 明るさ，誠実さを備えている。
③ 身だしなみを心得ている。
④ 自己管理ができる。

1 状況に応じた行動力，判断力，表現力がある

　状況に応じた行動力，判断力，表現力があるということは，課題やトラブルなどをスピーディーに解決できるということです。ビジネスソリューションです。そしてその土台になるのが**誠実さに代表される人間性**です。

　では，次の事例を検討してみましょう。取引先をめぐって起きた社内トラブルのケースです。

事例研究① 状況に応じた行動力，判断力，表現力がある　　case study

　浅見健太に後輩の井上が，「浅見さんがＡ社（得意先）に謝ったのは納得いかない」と話し掛けてきた。謝ったのは，井上が電話で浅見への伝言を聞き間違えて，Ａ社に迷惑を掛けたことに対してである。ところが井上は，「あのときＡ社は確かにそう言った。自分は絶対聞き間違えていない」と言う。このような場合，浅見は井上にどのようなことを言えばよいか。箇条書きで三つ答えなさい。

事例解説　　　　　　　　　　　　　　　　　　　instructions

考え方のポイント

1 第一段階（問題点を探る）

　この事例の**問題点**はどこにあるのか。まずはこのことから検討していきます。事例の**読み解き**作業です。

　すると，「浅見がＡ社に謝ったことに納得がいかない。なぜなら自分（井上）は，聞き間違いなど絶対にしていない」という箇所に，その問題点があることが分かります。

2 第二段階（問題点の善しあしを検討する）

　では，この問題点から何を検討していけばよいでしょうか。①なぜ浅見は謝ったのか，②井上の自信満々の根拠はどこにあるのか，などはどうでしょうか。これで両者の**事の善しあしを判断（検討）**していくわけです。そしてこれが，記述していく際のポイントになります。

　なおこのとき，**ビジネスマンとしての基本的な態度（対応）**を踏まえて検討していくとよいでしょう。

①浅見が謝った理由

　ビジネスパーソンの基本的な態度，それは何より得意先（顧客）を第一に考えることでしょう。顧客あってこその取引_{ビジネス}だからです。すると，どうでしょうか。浅見は，その真偽はともかく，井上の聞き間違いとして謝る以外にないと判断せざるを得なかったのではないか。そしてこれがビジネスパーソンとしての対応ではないだろうか。まずはこのように考えてみます。

②「A社は確かにそう言った。自分は絶対聞き間違えていない」という言い方を検討する

　そう，得意先が言い間違えたのかもしれない。でも，井上がメモを取って復唱していない以上その証拠はどこにもない。すると，「絶対」などとは言い切れないのではないか，ここはやはり，メモを取り復唱して確かめておけばよかったのではないか，このように考えてみたらどうでしょう。

③考え方をまとめる

　では，以上のことを三つにまとめてみましょう。①まず謝らなければならない理由を書きます。導入_{イントロダクション}です。②次に，「メモを取り復唱して確かめていればこのようなことは起こらない」と，ビジネス実務の基本を述べていきます。③そして，「絶対」などと軽々に言うものではないと注意を促します。

>　＊設問では「箇条書きで三つ答えなさい」としているのだから，ここは三つに分けて書く。その分け方の一例が，「絶対」などの言葉遣い（言い方）に注目することである。

　それではここで「ビジネスマンとしての対応」について，実際に書き表してみましょう。

■ ビジネスマンとしての対応

　ビジネスマンとしての対応は，次の解答例のようになるでしょう。これ
が行動力，判断力，表現力が一体となった**対応力**の一例です。

　①**相手は得意先なのだから，自分（浅見）が井上の聞き間違いとして
　　謝ったのは仕方がない。**

　②**相手が言い間違えたとしても，きちんとメモを取って復唱して確かめ
　　ていれば，防げたことではないか。**

　③**聞いたことに自信を持つのはよいが，この場合絶対などということは
　　ない。軽々しく絶対などと言うものではない。**

　相手は得意先なのだから謝る以外にない。それよりも，間違いなく
伝言を受けるにはどうしたらよいかが重要。このようなことに触れたこ
とが答えになる。解答例の他に，「電話でのことは記録に残らないので，
言った言わないと争っても水掛け論に終わるだけだから，今回のことは
蒸し返さない方がよい」「伝言を受けるときはこのような間違いが起こり
得ることを学ぶ，よい経験をしたくらいに考えたらどうか」などもよい。

　　　＊解答は，「考え方のポイント」（第二段階）で示したような書き方でも構
　　　わない。が，簡潔にまとめると解答例のようになる。この簡潔な書き表
　　　し方を学ぶこともビジネス実務にとっては重要なこと。

要点整理

■ 状況に応じた行動力，判断力，表現力がある

1 顧客第一主義の原点

　言うまでもなく，他社との取引は対等の関係で成り立ちます。でも，得
意先（顧客）あっての取引です。これが顧客第一主義の基本的な考え方で
す。そしてこの背景にあるのは，**配慮と謙虚さ**です。対人関係とて同じこ
とです。

　そして，この考え方に基づいて判断し行動したのが事例研究①の浅見健
太です。「相手は得意先なのだから，自分が井上の聞き間違いとして謝っ
た」というわけです。まずは**自社より他社のメンツ**を考えてのことです。
これで良好な取引関係も継続できるでしょう。

16

＊浅見の判断と行動に対し，「Ａ社に気に入られるように調子を合わせているだけではないか」と，うがった見方をする向きもなくはない。でもこれは違う。浅見の判断と行動は，自社が譲って謝らなければ「言った言わない」の水掛け論になるだろう，これではらちが明かない。そう考えた上でのことなのだ。これを迎合とは言わない。どちらが正しいのか分からないのが現状なのだからなおさらのこと。Ａ社の立場を尊重して対応する，これがビジネスパーソンの基本的なスタンスである。

　†もちろん，損害賠償に関する問題など主張しなければならないケースもある。

2 ビジネスパーソンの基本的な態度

　ビジネスパーソンの基本的な態度の一つに挙げられるのが謙虚さです。そしてチェーホフは，この謙虚さこそが教養人の条件であると語っています。**「教養人は人間の人格を尊重します。それゆえに、いつも謙虚で、ソフトで、丁重で、謙譲的です」**と。だからこそ，**「他人の耳を尊重して、多くの場合、沈黙を守」**ることもできるのでしょう。

　翻って井上の態度はどうでしょうか。自信過剰です。そう，ここは自らの言動を省察し控えめな態度で対応していくべきでしょう。

　ちなみに，ラ・ロシュフコーの箴言には**「まことの紳士とは、何事にも、我を張らぬ人のことである」**と記されています。そしてこの言葉には，人柄のよさを感じます。出題の意図もここにあります。

　＊アントン・チェーホフ著／佐藤清郎訳編『チェーホフの言葉（新装版）』（彌生書房）

　＊ラ・ロシュフコー著／吉川浩訳『人生の智恵 省察と箴言』（角川文庫）

出題の視点

　検定問題では対人関係やマナー，話し方などを中心に，ビジネス実務マナーの総合問題として出題されています。そしてここから「状況に応じた行動力，判断力，表現力（総合力）」を審査しています。

　ここでは，その一つ「コミュニケーション」を取り上げ検討してみましょう。

▼上司とのコミュニケーション

> 営業課の五島久美子がS社との商談から戻ると課長が，商談はどうだったかと尋ねた。これに対し五島は「今メールします」と返事をしたが，課長は不愉快そうな顔をした。課長はなぜ不愉快そうな顔をしたのか。考えられることを箇条書きで三つ答えなさい。

● 考え方のポイント

なぜ不機嫌な表情になったのか。その理由を考えていくのがここでの課題（テーマ）です。まずはここをきちんと押さえておきましょう。

第一の理由

課長は「商談はどうだったか」と尋ねている。でも，その答えが「今メールします」で本当によいのだろうか。課長は，今すぐにでも商談の結果を知りたい。だから直接尋ねてきたわけだから，ここは「はい，ご報告します」と，その場で答えるのが自然なのではないか，などと考えていくとよいでしょう。理由その1です。

第二，第三の理由

では，残り二つの理由はどう考えていけばよいでしょうか。

課長は「商談はどうだったか」と尋ねているが，これは商談の結果を早く知りたいためだけなのだろうか，理由は他にもあるのではないか，などと考えを広げてみます。例えば，顔を合わせて話をすれば，商談の話だけでなく，それに関係するいろいろな話もできる。すると，ここから五島とのコミュニケーションを図ることもできる，などがイメージされてきます。

でも，これが果たせなかった。だから，不愉快そうな顔をしたのではないか。こう，考えを進めてみたらどうでしょうか。不愉快そうな顔をした第二，第三の理由になるはずです。

● 状況に応じた行動力，判断力，表現力

では，以下に解答例を挙げておきます。参考にしてください。

◆ 課長は今すぐにも商談の結果を知りたかったのに，そういう課長の気持ちを酌まなかったから。

◆ 課長としては，五島とのコミュニケーションの機会にしようとしたのに，そうならなかったから。

18

◆顔を合わせて話をすれば，商談の話はもちろんのこと，関係する周辺の話もできたのに，それができなかったから。

> ＊協調性や人間関係（適切な対人行動，対人心理），話し方などが総合的に問われている。課長の態度や表情から，その心を察することが大切というわけだ。そしてこれがセンス。

> ＊課長の不愉快な表情を見て，「機嫌が悪いな。家で奥さんと何かあったのかな」などと言う人がいる。でもこれはいけない。その原因を自分にではなく，課長のせい（家庭の事情）にしているからだ。これを稚拙な自分勝手な態度という。

> > †そのこと自体に全く気が付かないケースもある。でもこの無神経さは本当に困る。常に相手のことを気に掛け行動していかなければ，ビジネスは成り立たないからだ。行動力，判断力，表現力が求められるゆえんである。

確認事項

① 『ガイド2』の「事例研究①」と「事例解説」から，**人の思いを推し量る心**が状況に応じた行動力，判断力，表現力の基盤になるということを再確認してください。**人間性，人柄**です。

② 『ガイド2』の「要点整理」＜状況に応じた行動力，判断力，表現力が期待できる＞ から，①道徳心と行動力，判断力，表現力，②人間性と行動力，判断力，表現力，を確認してください。人の感情をないがしろにしない，とがめない，見た目で判断しない，人を簡単に批評しない，などを具体的に解説しています。

2 明るさ，誠実さを備えている

　明るさと誠実さを備えていないケース。

　例えば仕事上のことで後輩を注意したとき，それを素直に受け止めないで，なぜか反抗的な態度をとってしまう。

　そう，これが明るさと誠実さが見られない一例です。もちろん，チームにとっても大きなマイナスになるでしょう。そしてこのマイナスが重大事なのです。

　ではどう対処していくか。それが次の事例です。ビジネスの場における明るさと誠実さの意味を，より深く考えていくためのケーススタディーです。

事例研究② 明るさ，誠実さを備えている　　　case study

　志村陽一は仕事の仕方のことで後輩の高岡に注意したが，その後高岡の志村に対する態度がよくなく話し掛けても返事をしないことがある。注意が仕事に生かされている様子もないので，態度を含めて再度注意することにした。このような場合志村は，どのようなことを言うのがよいか。箇条書きで三つ答えなさい。

事例解説　　　　　instructions

■　考え方のポイント

１第一段階（再度注意するために）

　この事例でのテーマは，「注意が仕事に生かされている様子もない（改善されていない）ので，態度を含めて再度注意する」ということにあります。

　再度の注意です。さてどう言うか。

　オーソドックスな注意の仕方としては，「注意を受けたのだから，なぜそのようにしない。仕事に反映されていないじゃないか。今までの仕事の仕方を反省して改善してもらわなくては困る」などになると思いますが，さて，どうでしょうか。

２第二段階（注意するにはそれなりの理由がある）

　そして，再度注意するためには，「仕事はチーム全体で効率よく行うも

の。決して高岡一人だけが仕事をしているわけではない。他のメンバーとの仕事の関わりだってある。だからこその改善なのだ。注意したのは，そのような理由と必要があってのこと。素直に注意を受け入れなさい」と，きちんと筋立てて言わなければならないでしょう。最初に言われたとき高岡は，その注意の意味が分からなかったわけですから，なおさらです。

> ＊互いに協力する関係（コミュニケーション）ができれば，効率よく仕事も進む。そしてこれこそが仕事に対する誠実（真摯）な態度。ビジネスマンにとっては基本中の基本である。

> ＊執務要件の「良識を持ち，素直な態度」と「適切な動作と協調性」を手掛かりに考えてもよい。執務要件の基本は，明るさと誠実さを備えていることにあるからである。

> ＊まずは謙虚になって聞く姿勢が，ビジネスマンにとって大切だということ。

3 第三段階（感情的になることの弊害）

さてここでは，「感情的になる」ことの弊害について検討してみたらどうでしょうか。

例えばビジネス社会で感情的になるということは，チーム内のコミュニケーションに支障を来すのではないか，仕事の仕方も向上しないのではないか，などはどうでしょうか。

> ＊「話し掛けても返事をしない」態度には，明るさと誠実さが見られないということ。従って，周囲からも相手にされなくなるということである。

さて，それではここで「再度注意するときの対応の仕方（言い方）」について，実際に書き表してみましょう。

明るさ，誠実さの大切さを伝える

再度注意するときの対応の仕方は，以下の解答例のようになります。心からの気付きを促すビジネス的な注意の仕方です。確認してください。

①注意を受けたのだから，仕事の仕方を反省して改善する努力をしないといけない。

②注意は理由があり必要があってのことだから，素直に受けないといけない。

③注意されて感情的になるようでは，仕事の仕方も向上しないし，周りからも相手にされなくなる。

21

解答例の他に,「仕事はチーム全体で効率よく進めていくものだから,かたくなに自分の仕事の仕方に固執してはいけない」「注意は仕事上のことなのだから,態度を変えるなど感情的になるのはよくないことだ」などもよい。

> ＊解答は,「考え方のポイント」(第1段階から第3段階)で示したような書き方でも構わない。が,簡潔にまとめると解答例のようになる。

要点整理　　　　　　　　　　　　　　　　　　　　　　the main point

■ 明るさ,誠実さを備えている

明るさと誠実さはチームワークの要

チームで仕事をしていく上で,心掛けておかなければならないこと。それは**相手の考え方言い方を謙虚に受け止め,真摯(誠実)に対応していく**ことでしょう。すると,ここに明るさが生まれます。チームの雰囲気もよくなります。その意味で,**明るさは,誠実さと素直さの表れ**といってもよいでしょう。出題の意図もここにあります。

さて,高岡の**不誠実な態度**はどうでしょうか。ここに明るさは見られません。あるのは,自分本位の態度だけです。

でも,このまま高岡が明るさと誠実さの重要性(価値)に気付かないでいたとしたら,今後の顧客対応はどうなるでしょうか。とても営業などできないのではないでしょうか。

明るさと誠実さは全てのビジネスワークの要。そして**執務要件の基本。**これがキーワードです。

■ 出題の視点

検定問題では,事例研究②の他,次のような事例が出題されています。検討してみましょう。

▼誠意を持って仕事をする

> 営業課の宮沢奈々子は新人の中野から,「課長から,営業担当者は誠意を持って仕事をしなければいけないと言われたが,具体的にはどのようなことか教えてもらいたい」と言われた。このような場合宮沢は,中野にどのようなことを言えばよいか。箇条書きで三つ答えなさい。

●考え方のポイント

まず，誠意の意味から考えていきます。

誠意とは，真面目に事に当たること。これを営業の仕事に当てはめて みると，**顧客の望むことを酌み取って対応していくことではないか**，な どがイメージできると思います。顧客第一主義です。そしてこれに基づ いた仕事の仕方を考えていきます。

> ＊真面目やうそ偽りのない心，正直などをキーワードにしてもよい。

> ＊ここでは「誠実」とほぼ同義と考えてよい。

●誠意ある仕事の仕方

では，以下に解答例を挙げておきます。これが営業担当者の誠意ある 仕事の仕方です。

◆納品の期限や約束の時間などは確実に守ること。

◆顧客の要望には，迅速に対応すること。

◆顧客の要望には可能な限り応えられるよう努力すること。

◆服装や身だしなみにも気を使うこと。

◆客に失礼のないような言葉遣い，礼儀作法に気を配ること。

> ＊設問に「具体的にはどのようなこと教えてもらいたい」とあるのでこ のような書き方になる。

> ＊解答例は参考までに，五つ挙げておいた。

確認事項

① 『ガイド3』の「事例研究②」と「事例解説」から，**誠実とは，うそ偽 りがなく，真面目（真摯）であること**の意味を再確認してください。**企 業人としての責任と義務（誠実な態度）**です。

> ＊「事例研究②」の選択肢 (5) に，「同僚が仕事上で過ちを犯し，上司から 注意されているときは，関係ないとは思わずに，自分のことのように責 任を感じて上司の言葉を聞いている」とある。この内容こそ，誠実さを 表す格好の事例である。そしてこれは，後輩から相談を受けたときなど でも同様。「自分のことのように，親身になって相談を受ける」。これが 本当の誠実な態度。

② 『ガイド2』の「事例研究②」と「事例解説」から，**企業社会における 誠実さの意味**を確認してください。

③ 『ガイド2』の「要点整理」＜明るさ，誠実さを備えている＞ から，

①相手を侮らない，②他人のせいにしない，③自分の心に誠実であること，④そして，明るさと誠実さと，を確認してください。そしてここから，**明るさとは，誠実さに裏付けられた人柄（知性）である**ことを実感してください。

3 身だしなみを心得ている

それぞれの会社の事情にもよりますが，最近のビジネスマンの服装はかなり自由になってきています。でも，いくら自由だといってもそれには一定の基準があります。

ではその基準とは何でしょうか。その事例を検討してみましょう。**ビジネスパーソンとしての心のルール**です。

事例研究③ 身だしなみを心得ている　　　　　case study

松下幸太は新人の吉田から，「うちの職場では服装や髪形が自由だが，どのようにすればよいかかえって悩んでしまう」と言われた。そこで松下は服装や髪形について，よりどころとなることをアドバイスすることにした。この場合，吉田にどのようなことを言うのがよいか。箇条書きで三つ答えなさい。

事例解説　　　　　　　　　　　　　　　　instructions

考え方のポイント

1 第一段階（悩みに答えるために）

ここでのポイントは，「自由だから，かえってどのようにすればよいかかえって悩んでしまう」というところにあります。そこで松下は，「よりどころとなることをアドバイス」することにしました。この**よりどころ**（物事の判断の基準となるもの）となるものを考えていきます。

2 第二段階（よりどころとなるものを考える）

すると，一般的によいとされ，どこでも通用する服装や髪形の基準は，**全体に清潔感があるか，自分の体形や雰囲気に合っているか**どうか，などになるでしょう。特に清潔感は身だしなみの基本です。まずはこのことを押さえておきましょう。

＊身だしなみとは，髪形・服装などの身なりや言葉遣い，態度・振る舞いを整えること。

3 第三段階（最も大切なことを考える）

ところで，身なりを考える上で最も大切なこと。それは，**服装や髪形が**

職場の雰囲気とマッチしているかどうか，職場の先輩たちと比較して場違いな感じはないか，などにありますが，さて，このことはイメージできたでしょうか。

> ＊仕事はチームで協力して行うものなので，なおさらだ。もちろん，職場の雰囲気ひいては会社のイメージを壊してもいけない。

　ではここで，「身だしなみを整える上での基準」について，実際に書き表してみましょう。悩み多き新人へのアドバイスです。

身だしなみを整える上での基準

　悩み多き新人へのアドバイス。例えば，次の解答例のような言葉を掛けてみたらどうでしょうか。
　①全体に清潔感があるか。
　　（髪形を含めて，服装全体に清潔感があるか）
　②自分の体形や雰囲気に合っているか。
　　（髪形や服装が，自分の体形や雰囲気に合っているか）
　③職場の先輩たちと比較して，場違いな感じはないか。

　解答例の他に，「全体に身だしなみがよいと感じられるか」などもよい。

要点整理 　　　　　　　　　　　　　　　　　　the main point

身だしなみを心得ている

信用と信頼を得るビジネスパーソンの身だしなみ

　言うまでもなく，身だしなみの基本は清潔感です。そうしてこの**清潔感は，感じのよさ**（好印象）を表し，顧客からの**信用と信頼を得ていく**ことへとつながっていきます。
　でも，このときビジネスパーソンとして大切なことがあります。それは，顧客や周囲の人に対し決して不快な思いをさせないという**配慮**です。この**誠実さ**があって初めて清潔感のある身だしなみになります。出題の意図もここにあります。

＊内に誠実さがなければ，どんなに外見を装っても何にもならないということ。

そして清潔感のある身だしなみは，周囲（チームメイト）と調和の取れた関係をつくり，ひいては会社のイメージを高めていきます。もう一つの出題の意図もここにあります。

＊ビジネスの場にふさわしい服装とは，会社のイメージや商取引などに適したものということである。従って，これに反した自由な服装は規律（ルール）違反になる。一人一人のビジネスマンには，事業への貢献という重大な使命（ミッション）があるからである。

出題の視点

検定問題では，事例研究③の他，身だしなみ全般のことが一般常識として問われています。その一般常識とは，①髪形をはじめ，服装全体が清潔な感じになるように整えること。②衣服はプレスされてきちんとした感じのものにすること。③靴は汚れのない，飾りなど付かない形の整ったものにすること。礼儀作法を守ること。などになります。

確認事項

① 『ガイド3』の「事例研究③」と「事例解説」，そして「要点整理」から，**ビジネスの場に適した身だしなみ**を再確認してください。基本中の基本です。

② 『ガイド2』の「事例研究③」と「事例解説」から，**身だしなみと誠実さの関係**を確認してください。そしてここから，身だしなみの意味の深さを実感してください。

＊「事例研究③」の選択肢(4)に，「ベーシックなビジネススーツを着ている人は，普段からいつも控えめで落ち着きのある態度でいるのではないか」とある。そしてこの根っこにあるものが選択肢(2)の「普段からの真面目な生活態度」である。これが「見えない資産（インビジブル・アセット）」として蓄積され，信頼と信用を得ていくというわけである。そしてこの内容こそ，身だしなみと誠実さの関係（意味）を表す格好の事例である。

†「見えない資産（インビジブル・アセット）」は，平川克美著『ビジネスに「戦略」なんていらない』（洋泉社・新書y）による。

③『ガイド2』の「要点整理」＜身だしなみを心得ている＞から，①身だしなみは教養の表れ，②他人への配慮，③信頼と信用を得る，を確認してください。特に，信頼と信用を得るための身だしなみは重要です。

4 自己管理ができる

仕事上必要な規律や秩序を**自分の意思で守る**ことができる。これを「**自己管理（自制）ができる**」といいます。ビジネスマンとしての重要な資質の一つです。

そしてこの**自己管理能力**は，周囲から**信望を得る必須の条件**でもあるのです。

でもなぜ，自己管理が信望を集める必須の条件になるでしょうか。**仕事の仕方が真摯でビジネス的**であるからです。

では，真摯でビジネス的な仕事の仕方とは何か。このことについて，次の事例から検討してみましょう。組織人の在り方についてのケーススタディーです。

事例研究④　自己管理ができる　　　　　　　　　case study

一条享はチームリーダーの営業研修で，「自己管理ができるビジネスパーソンは，これだけで周りから信望を集めている。言うまでもなく，会社の規範に従い，真摯に仕事に取り組んでいるからだ。では，その仕事への真摯な取り組みには，具体的にどのようなケースがあると思うか」と質問された。この場合，一条はどのように答えるのがよいか。箇条書きで三つ答えなさい。

事例解説　　　　　　　　　　　　　　　　　　instructions

考え方のポイント

1 第一段階

設問に「自己管理ができるビジネスパーソンは，これだけで周りから信望を集めている」とあります。そして，その理由を**「会社の規則に従い，真摯に仕事に取り組んでいるからだ」**としています。これがキーワードです。まずはここから，そのポイントを探っていきましょう。

　　　　＊まずは，会社の規則（規範）に従うことが真摯に仕事に取り組むための出発点。

　　　　＊組織の中における「規範（規則）」の意味の理解が前提になる。

2 第二段階（組織活動と自己管理）

　では，会社の規範に従うとはどういうことか。ここから具体的な仕事への取り組み方をイメージしていきます。

　すると，まず会社の事業方針への理解（共感）と，それに基づいた営業活動をしていることなどが挙がってきますが，さてどうでしょうか。

> ＊組織の中では，個人的な行動は許されない。会社の規範に従い，行動していかなければならない。組織には組織としての目標（方針）があるからだ。そのためには「考え方や話す言葉，あるいは行動を常にコントロール」（サミュエル・スマイルズ著／本田健訳『品性論』三笠書房）していかなければならない。これが真摯でビジネス的な態度であり自己管理（セルフコントロール）である。
>
> ＊ビジネスマンにとって最も重要な仕事は，会社の事業方針（目標）（ミッション）への理解である。この理解があって初めて会社への貢献ができる。
>
> > † 「初めに会社の事業方針ありき」だからだ。

3 第三段階（チームワークと自己管理）

　組織活動を支えているのはチームワーク（協調性）である。ここがもう一つのポイントになるでしょう。例えば，営業では個人の成績よりもチームへの貢献，また，営業で失敗したとき，環境や他人のせいにしたりしないことなどが挙げられるでしょう。

　さて，このことがイメージできたでしょうか。

> ＊組織人にとって会社への貢献とチームへの貢献は車の両輪である。仕事はチームで協力して行うものなので，このことを常に考えて行動していかなければならないからだ。

　ではここで，「真摯に仕事に取り組んでいる」ビジネスパーソンの事例を，実際に書き表してみましょう。

■ 真摯な仕事の仕方

　真摯な仕事の仕方には，次の解答例のようなものがあります。そしてこれは，**自己管理能力**があってこその行動です。

　①会社の事業方針をきちんと理解し，それに基づいて責任ある営業活動をしているからである。

　②営業では，個人の成績よりもチームへの貢献，会社への貢献というこ

とを考えて行動しているからである。

③営業で失敗しても，環境や他人のせいにしたりせずに，失敗の原因は自分にある，その何が原因かを考え，対処しているからである。

　解答例の他に，「営業における自分の能力と立場や役割，守備範囲などをよく知って行動しているからである」などもよい。

　　＊解答は，「考え方のポイント」（第二段階と第三段階）で示したような書き方でも構わない。が，第三段階で述べた内容は，解答例のように②と③に分け記述していくとよい。これで，１級として整った解答になるからだ。

　　＊『ガイド２』のⅠ-(1)-④「自己管理ができる」の事例研究④（p.27）に，この記述問題のベースになっている選択問題がある。改めて確認するとよい。

　　　†前掲のサミュエル・スマイルズの言葉もここで紹介している。

要点整理　　　the main point

自己管理ができる

1 自己管理と責任感

　自己管理ができるようになるための条件。それは**強い使命感**を持つことです。使命感とは，自分に課せられた任務を全うしようとする気概，**責任感**のことです。

　では，ビジネスパーソンにおける使命とは何か。会社の事業方針を理解し，それに基づいた営業活動をすることです。もちろん，**成果を上げていく**ために。

　　＊「自己管理ができる人は，責任感の強い人でもある」。そうも言えるだろう。だからこそ，解答例にあるような行動をとることもできる。自己管理能力である。

　　＊ただ単に自己抑制（我慢）をしているわけではないということ。企業の行動理念と照らし合わせながら，判断していくのがビジネスパーソンであるということ。そう，エゴイズムは捨てて。

2 自制心の源は，他者への気配りにある

　しかしそのためには，ともに働く仲間（フェロー）を理解し協調していかなければな

らない。個人成績よりもチームへの貢献，会社への貢献を考えていかなければならない。そして，このことを実行できるかどうかの分岐点が**自己管理（自制）**です。

言うまでもなく，成果を上げていくためには，私心（エゴイズム）を捨て，協力し合う意思（ビジネスマインド）が大切だからです。いずれにせよ，仕事は一人ではできないのですから。出題の意図もここにあります。

ではここで，ドラッカーの言葉を紹介しましょう。**「ともに働く人を理解する」**からのものです。

> **成果をあげる秘訣は、ともに働く人たち、自らの仕事に不可欠な人たちを理解し、その強み、仕事のやり方、価値観を活用することである。仕事とは、仕事の論理だけでなく、ともに働く人たちの仕事ぶりに依存するからである。**
> **（P.F. ドラッカー著／上田惇生編訳『仕事の哲学』ダイヤモンド社）**

> ＊「自制の心」の源は，他者への気配り気遣い（思いやり）にある。もちろんこれは，自己中心の考え方からは生まれない。相手のことをいつでも気に掛けている，そんな優しい心の働き（想像力）が大切。相手を決して不快にさせない対応力として。
>
> ＊『ガイド3』Ⅱ－(1)－② 「職位、職制とビジネス実務マナー」（p.76）に，関連するドラッカーの言葉を紹介している。

■ 出題の視点

検定問題では，事例研究④の他，一般的な自己管理についてのことが問われています。例えば，社内で厳しく自己管理が求められる事例として，①仕事上の期日を守る，②仕事上の連絡や報告を確実にする，③身の回りの整理整頓，資料の保管をきちんとする，④出勤時間，約束の時間を守る，などがあります。

■ 確認事項

① 『ガイド2』の「事例研究④」と「事例解説」から，**信望と尊敬を集めるビジネスパーソンの態度**を再確認してください。この記述問題のベースになっている事例です。

② 『ガイド2』の「要点整理」＜自己管理ができる＞から，①事業方針

と自己管理，②相手の心とバランスを取る自己管理，③自分自身を知る，を確認してください。そしてここから，**自己管理の意義**を再確認してください。

> ＊自己管理は，良好な人間関係を築く第一歩であり，ビジネス実務マナーの根幹にあるものである。

③『ガイド２』のコラム「情緒，情感とビジネス実務マナー」から，**ビジネスマンの資質**として，その最たるもの（誠実さと思いやり）を確認できます。

② 執務要件

> ① 一般的な仕事を，確実に実行できる能力がある。
> ② 良識を持ち，模範となる態度をとることができる。
> ③ 協調性のある適切な行動をとることができる。
> ④ 積極性，合理性，効率性について，深い認識がある。

1 一般的な仕事を，確実に実行できる能力がある

　一般的な仕事を，確実にできるようになるための基本，それはどのような仕事であれ，責任感を持ち真摯に取り組むことです。そしてこの積み重ねが，キャリアアップにつながります。

　ところが新人の中には，このことをなかなか理解できずに，やる気をなくしているケースもあります。次は，そんな事例です。検討してみましょう。

事例研究①　一般的な仕事を，確実に実行できる能力がある　case study

　中条健史は新人の佐藤から，「毎日が単純作業ばかりでつまらない。早くやりがいのある仕事がしたい」と言われた。このような場合，中条が佐藤に，単純作業をする意義について話すとしたら，どのようなことを話せばよいか。箇条書きで三つ答えなさい。

事例解説　instructions

■ 考え方のポイント

１第一段階（単純作業の重要性）

　ここでの設問の趣旨は，新人に，**単純作業をする意義について話す**，指導するということにあります。

　そして意義について話す，指導するということであれば，ここはまず組織（マネジメント）の立場，指導者（リーダー）の立場で話していく必要がある，こう考えてみます。

　すると，「単純作業も**重要な仕事の一つ**である。なぜなら，この作業をする人がいなければ，**組織全体の仕事も成り立たない**。誰かがやらなけれ

34

ばならない仕事である」。このようなことがイメージできてくるのではないでしょうか。これが第一の記述ポイントになるでしょう。

2第二段階（単純作業とスキルアップの関係性を考える）

　さて第一段階で，「単純作業も重要な仕事の一つである。なぜなら，この作業をする人がいなければ，組織全体の仕事も成り立たない。誰かがやらなければならない仕事である」と考えました。

　するとどうでしょう。

　単純作業だからつまらない，やりがいがない，

　などと考えるのではなく，

　そもそも仕事の内容に差などない，むしろ仕事はこの単純作業をしながら覚えていくものではないか，そして最初はみんなそうなのではないか，またそれができるようになって次の段階の仕事ができるようになるのではないか，

　このように考えを進めていったらどうでしょう。

　　　　　＊仕事に対しては，前向きに積極的に考えていくとよい。

3第三段階（単純作業の意味を考える）

　では，箇条書きの三つめはどのように考えていけばよいでしょうか。それは，単純作業そのものを考えてみることです。

　例えば，

　単純作業といっても，完璧にこなすことはとても大変なことなのだ，文句をつけられないだけのことを自分がしているかどうか，ここで見直す必要があるのではないか，

　などはどうでしょうか。正確にしかもスピーディーにできているかどうかを，新人に問い掛けてみるわけです。

　ではここで，単純作業をする意義についての言葉を，実際に書き表してみましょう。新人指導の言葉です。

■ 新人へのアドバイスの仕方

　新人へのアドバイスには，次の解答例のようなものがあります。そしてこれは，**組織の視点に立った考え方ができてこその言葉**でしょう。

　①単純作業も重要な仕事の一部，この仕事をする人がいなければ，組織

全体の仕事が成り立たない。とすれば，誰かがやらなければならない
仕事である。
②最初は誰でも単純作業をしながら仕事を覚えていく。また，それがで
きるようになって次の段階の仕事ができるようにもなる。
③単純作業といっても，他に引けを取らないだけのことをするのは大変
である。文句をつけられないだけのことをしているか見直す必要があ
る。

　解答例の他に，「単純作業も工夫することによって，改善もできる。
作業の仕方でやりがいも見つけられる」などもよい。

　　　　　＊解答は，「考え方のポイント」（第一段階から第三段階まで）に示したよ
　　　　　　うな書き方でも構わない。が，簡潔にまとめると解答例のようになる。
　　　　　　これで，1級として整った解答になる。

　　　　　＊『ガイド2』の ＜出題の視点＞ （p.37）で紹介した事例が，この記述
　　　　　　問題のベースになっている。そして記述の解答は，ここで示した内容で
　　　　　　も構わない。

要点整理 the main point

一般的な仕事を，確実に実行できる能力がある

一般的な仕事を確実に実行できる能力を身に付けるために

　一般的な仕事を確実に実行できるようになるための条件。それはまず，
基礎的な仕事（ルーチンワーク）と誠実に向き合い，着実に実績を積み上
げていくことでしょう。これができて初めて，「一般的な仕事を確実に実
行できる能力がある」ビジネスパーソンになります。そしてこのことを新
人に伝えるのは，「一般的な仕事を確実に実行できる能力がある」あなた
の重要な仕事の一つでしょう。

　こんな例があります。伊藤忠商事の相談役，丹羽宇一郎さんの言葉です。

　　ある銀行の頭取は、新人時代の1年間、毎日封筒のあて名書きばか
　りさせられました。しかし、それが自分の銀行の重要な客先を誰より
　も知ることにつながり、人生の後半で役立ったと、後年気がついたと
　いいます。

　私自身、雑務をこなすうちに仕事の流れがつかめてきました。たとえば、現業部門（げんぎょう）の数字から、会社の経営が見えてきます。翻訳業務は海外との接点となります。どんな仕事にも意味があるのです。そして、退屈で基礎的な仕事を長くやった人ほど、実際のビジネスの場面で飛躍的に伸びることがあります。

　新人時代に習うことは、「仕事人」としての土台であり、それを欠くと、その後の仕事は砂上の楼閣（さじょう　ろうかく）になりかねません。給料が低いの安いのとボヤク前に、まずは「お金をもらって勉強させてもらっている」という気持ちで何でも興味を持ってやってみる。いやいや働くより何倍も仕事のやり方が身につくでしょう。

（丹羽宇一郎著『負けてたまるか！若者のための仕事論』朝日新書）

　そしてイエローハットの創業者，鍵山秀三郎さんは「**私は簡単なこと、単純なこと、単調なことをおろそかにしない。それを極めていくという考え方でやってきました**」（鍵山秀三郎著『凡事徹底』致知出版社）と語っています。そしてこれが，**普通を超える**出発点にもなるでしょう。

■ 出題の視点

　検定問題では，事例研究①の他，次のような類問が出題されています。検討してみましょう。

▼電話の取り次ぎばかりでは嫌だ。早く営業に出たい

　営業課の坂口正弘は新人の久保田から，「毎日電話の取り次ぎばかりで物足りない。早く外へ営業に出掛けたい」と言われた。営業課では，新人には初め，電話の取り次ぎをさせることになっている。このような場合，坂口が久保田に，電話の取り次ぎ業務をする意義について話すとしたら，どのようなことを話せばよいか。箇条書きで三つ答えなさい。

● 考え方のポイント

　ここでは，事例研究①と前掲の『若者のための仕事論』からの話を参考に考えてみてください。

　もちろん，考え方の基本は同じですが，「電話の取り次ぎ業務」と設

問にあるので，ここはより具体的に検討していく必要があるでしょう。

> ＊新人に，電話の取り次ぎの意義を話すのだから，取り次ぎ業務が仕事を覚えていく基になるなどのことと，電話の取り次ぎ業務の重要性を具体的に挙げることが答えになる。

●電話の取り次ぎ業務をする意義

では，以下に解答例を挙げておきます。これが電話の取り次ぎ業務をする意義になるでしょう。

◆電話の取り次ぎをすることによって，課内の仕事や担当，取引先などを覚えることができる。

> ＊いろいろな取引先からの電話を日々受けることにより，「Ａ社からの電話は○○先輩への電話で，Ｂ社からの電話は△△先輩への電話だ」などが分かってくる。すると少しずつではあるが，課全体の仕事（内容）も分かってくる。そしてこれが重要。

◆電話の取り次ぎが的確にできるようになれば，次の段階の仕事もできるようになる。

◆電話の取り次ぎでも，それを通じて営業センスが身に付き，将来の仕事の基礎ができる。

> ＊電話応対も営業の一つ。

◆電話の応対の善しあしは会社のイメージに影響するので，軽く考えてはいけない。

> ＊解答例は参考までに，四つ挙げておいた。

確認事項

① 『ガイド3』の「事例研究①」と「事例解説」から，ルーチンワークの重要性を確認してください。

② 『ガイド2』の「事例研究①」と「事例解説」から，基本的な仕事（ルーチンワーク）と一般的な仕事の関係を確認してください。

③ 『ガイド2』の「要点整理」＜一般的な仕事を，確実に実行できる能力がある＞ から，①平易な仕事と一般的な仕事，②一般的な仕事を積み重ねる，を確認してください。そしてここから，**日々，真摯に仕事に取り組み，実績を積み上げていく重要性**を実感してください。そしてこの根っこにあるのは，**誠実な人柄**であることを。

38

＊ドラッカーの「パンテオンの彫刻群」の事例を再読のこと。ここに，誠
　実に仕事に取り組む彫刻家の姿がある。

2 良識を持ち，模範となる態度をとることができる

ビジネスパーソンにとっての良識とは，**相手の心をいつでも気遣う（慮る）ことができるセンス**，そのものにあります。そしてこれが，誠実で謙虚な態度になって表れてきます。

では，良識を持ち，模範となる態度をとることができるビジネスパーソンとは，どのような人なのでしょうか。それを次の事例から検討してみましょう。

事例研究② 良識を持ち，模範となる態度をとることができる **case study**

営業チーフの中条明は社外研修で，講師であるコンサルタントからこんな事例を聞いた。

私がある会社の販売会議にコンサルタントとして同席したときの話だ。議題は新製品の販売方法。そこでＡさんは，その販売の仕方について一つの意見を述べた。が，その意見に対しＢさんは，「いやいや，それでは駄目だ。もっとよい方法がある」と，強硬に反対意見を出してきた。ここまではよくある話である。だがＡさんは，それについて特に自説を強調することなく，Ｂさんの反対意見を肯定しながら質問を始めた。私が感心したのは，Ａさんのその良識ある対応である。皆さんもまずは，この対応を模範とするべきである。

さてこの事例の中で，講師が「特に自説を強調することなく，Ｂさんの反対意見を肯定しながら質問を始めた」Ａさんの対応に感心したのはなぜか。あなたが営業チーフの立場になって箇条書きで三つ書きなさい。

事例解説 **instructions**

考え方のポイント

１第一段階（営業チーフとしての役割から考える）

ここでの設問の趣旨は，「なぜ講師はＡさんの対応に感心したのか」にあります。そしてこの問いを解いていくためには，**営業チーフとしての基**

本的な役割を押さえておく必要もあるでしょう。営業チーフには，会議を効率よく進めていく，良好なコミュニケーションを図りながら建設的な意見を引き出していく，などの役割を担っているからです。まずはこのことを踏まえて考えていきましょう。

2 第二段階（コミュニケーションから考える）

さて，AさんはBさんの強硬な反対意見に遭いました。でも，Aさんは，その意見に耳を傾け，肯定しながら質問をしています。これをチーフの立場から見た場合，互いにいがみ合うことなく良好なコミュニケーションをとっていると判断できるでしょう。

3 第三段階（会議の意味から考える）

ここでは視点を変え，「自説を曲げずに言い張ると，どうなるだろうか」と考えてみたらどうでしょうか。すると，「会議そのものが成り立たなくなる」などの考えが浮かんできます。また，「自分の意見が絶対であることなどあり得ない」などの考えも出てくるでしょう。そしてAさんも，そう考えたのではないしょうか。

ではここで，講師が感心した理由を，実際に書き表してみましょう。

■ 講師が感心した良識ある対応

良識ある模範的な対応例には，次の解答例のようなものがあります。そしてこれは，チーフとして，**組織の視点に立った考え方ができてこそ言える言葉**でしょう。

①反対意見に対して，自説を主張せずに相手の意見を肯定しながら質問した。これは良好なコミュニケーションを図るためにも重要だから。

②自分の意見が否定されても，相手の意見を否定しなかった。否定してしまうと，互いにいがみ合ってしまい，会議そのものが成り立たなくなるから。

③自分の意見が絶対であるなどと考えていないからである（反対意見を尊重している）。

解答例の他に，「人の多様さを考え，その人の考え方を受け入れているからである」などもよい。

＊解答は，「考え方のポイント」（第二段階と第三段階）に示したような書き方でも構わない。が，箇条書きできちんと三つにまとめること。

＊『ガイド２』の「事例研究②」の選択肢(2)「どんなときでも人の考えの多様さを考え，その考え方を受け入れることに努めている人」（p.39）が，この記述問題のベースになっている。

要点整理　　　　　　　　　　　　　　　　　　　　the main point

■ 良識を持ち，模範となる態度をとることができる

「Yes, and…」の意味

日本経済新聞のコラム「春秋」に，こんな話が紹介されていました。「Yes, and…」の話です。

　自分と異なる意見の持ち主を前にしたとき、どう応じるか。正面から全否定で返す「NO」。うなずくふりで欠点を突く「Yes, but…」。そのいずれとも違う「Yes, and…」という発想を、街の再生を手がける山崎亮さんの近著「まちの幸福論」で知った。

▼自治体などの依頼で街に入り、価値観の違う人たちと対話を重ね、ハコ物の建設に頼らずコミュニティー活動や地場ビジネスを盛り上げるのが山崎さんの仕事。反対意見もまず肯定し、思いをくみ取り、より良いアイデアづくりにつなげ活動に巻き込む。「自分が否定されたと思った人は、相手を否定する」からだという。

▼この考えは企業にも応用が利く。コピーライター、糸井重里さんの事務所では手帳やタオルなどの雑貨を開発している。会議では他者の提案を否定するのは禁止。不満ならもっといい案を出す決まりだ。「価値を増やすのが僕らの仕事。否定は価値を増やさない」と糸井さん。

▼「あなたは間違っている」。議会や集会で、テレビの論戦などで目にする、勇まししげな非難の応酬。これに対し、まだ30代の山崎さんを含めて、若い世代の活動や伸びるベンチャー企業で「Yes, and…」式のやり方が目立つ。昔ながらの非難合戦と、いまどきの提案競争。社会や生活の価値を増やすのは、どちらだろう。

（「日本経済新聞」平成24年6月18日付朝刊）

＊山崎亮／NHK「東北発☆未来塾」制作班著『まちの幸福論』（NHK出版）

＊東京糸井重里事務所「ほぼ日刊イトイ新聞」 http://www.1101. com/

　これが「Yes, and…」の意味です。「自分の考えがベストとは限らない。聞く耳を持ち，フレキシブルに意見を修正していく。そしてともによりよい販売方法を考えていく」ということです。もちろんそのためには，前節④で解説した 自 制 が大切になってくるのは言うまでもないことでしょう。

　　＊哲学者の三木清さんは，「自分の考えで勝手に読むのは読まないのと同じである。ひとはそれから何物かを学ぼうという態度で書物に対しなければならぬ」(『読書と人生』新潮文庫) と語っている。このことは読書に限らず，会議の場でも同様。私たちは，反対意見の中から何かを学ばなければならない。この姿勢こそ「良識を持ち，模範となる態度」である。

　　＊でも，自分の意見も理解してほしい，分かってほしい，と切実に思うときがある。そんなときどうするか。内田樹さん (神戸女学院大学名誉教授) は，「情理を尽くして語る」ことが大切だ，そう言っています。なぜなら，「この『情理を尽くして』という態度」が読み手に対する敬意の表現」(『街場の文体論』ミシマ社) であるからだそうだ。

　　　†「情理を尽くす」とは，相手の気持ちも考えかつ筋道を立てて話すということ。そして内田さんは，このことについてこんな例を挙げている。「言葉がうまく通じない人にどうしても伝えたいことがある場合，皆さんだって必死になって身振り手振りで、表情豊かに、さまざまな言い方を試みますでしょう。なんとかして相手に思いを伝えようとすれば、必ずそうなる」と。

出題の視点

　検定問題では，事例研究②に見られるように，ビジネスパーソンの良識ある態度とは何か」の視点から出題されています。この内容を押さえておけば，記述問題には十分対応できるでしょう。

確認事項

①『ガイド2』の「事例研究②」と「事例解説」から，**模範となる良識人のイメージ**を再確認してください。この記述問題のベースになっている事例です。

②『ガイド２』の「要点整理」＜良識を持ち，模範となる態度をとること
　ができる＞から，①普通を超える，②自分を過信することなく，いつ
　でも謙虚に振る舞う，③良識は教養でもある，④物事を客観的に見るこ
　とができる，を確認してください。そしてここから，**良識の意義**を再確
　認してください。

　　　　　＊自己管理は，良好な人間関係を築く第一歩であり，ビジネス実務マナー
　　　　　　の根幹にあるものである。

③『ガイド２』の「要点整理」＜出題の視点＞から，**良識人の行動事例**
　を確認しておいてください。記述対策の参考事例です。

3 協調性のある適切な行動をとることができる

会社にはさまざまな人が働いていて，それで仕事が成り立っているところがあります。それぞれの個性がうまく機能しているケースです。

でも，時に途中入社の人や違う部署から異動してきた人に対し，「何となく違和感を覚える」。そんなことがあります。でも，これで良好(ベスト)なチームワークを築くことはできないでしょう。

ではどうするか。次の事例から検討してみましょう。

事例研究③ 協調性のある適切な行動をとることができる case study

宮田優二のいる商品開発課に，初めてデザイナーとしてＹが中途採用された。Ｙはデザイナーとしてのセンスがよいため上役の受けがよいが，課員たちは高慢で感じが悪いと言っている。このため課の雰囲気が悪くなった。このような場合，宮田は先輩として，課員たちにどのようなことを言えばよいか。箇条書きで三つ答えなさい。

事例解説 instructions

■ 考え方のポイント

1 第一段階（課の立場から考える）

さて宮田は，先輩として課員たちにどのようなことを言えばよいのでしょうか。

設問には「初めてデザイナーとして中途採用された」とあります。まずはこのことから考えていけばよいでしょう。**課の立場から考えていく**ということです。

すると，開発課に採用されたのは，新規事業の開発など，何か目的あってのこと。そして，Ｙはその開発にデザイナーとしてのセンスを買われて入社したのだ。自分たちとは役割（立場）が違う。このように考えていけばどうでしょうか。第一のポイントです。

2 第二段階（チームワークについて考える）

つまり，Ｙの採用は**会社が必要**でしたということなのだから，自分たちはＹを受け入れ，チームになじんでもらうための努力をしないといけない

のではないか，などとチームワークのことをイメージしながら考えていきます。**協調性**です。これが第二のポイントになるでしょう。

3第三段階（Yの高慢な態度について考える）

　第二段階までは，開発課（会社）の考えに対する理解，そしてチームワーク（Yと親しくなる）の視点からのものでした。では，第三のポイントはどのように考えていけばよいでしょうか。設問にある**「高慢で感じが悪い」**と言っている課員の態度に目を向けてみたらどうでしょうか。

　すると，「これは，あまりに一方的な見方ではないか。Yは，会社から高い評価を得て入社した。であれば，まずはそのセンスのよさを自分たちが見習うぐらいの気持ちを持って接するべきではないか」，などがイメージされてくるのではないでしょうか。

　ではここで，先輩として課員たちに言わなければならないことを，実際に書き表してみましょう。

■ 協調性のある適切な行動

　課員に協調性のある適切な行動をとってもらうためには，次の解答例のようなものがあります。そしてここでは，**組織の考えを理解しそれに協調していく態度**が求められるでしょう。

①Yはデザイナーとして採用されたのだから，自分たちとは役割が違うことを認識しないといけない。

②Yの採用は，会社が必要でしたことなのだから，自分たちがYを受け入れ，なじませる努力をしないといけない。

③Yのセンスを，自分たちが見習うくらいの度量を持たないといけない。

　　　　＊解答は，「考え方のポイント」（第一段階から第三段階）に示したような
　　　　書き方でも構わない。が，箇条書きできちんと三つにまとめること。

要点整理　　　　　　　　　　　　　　　　　　　the main point

■ 協調性のある適切な行動をとることができる

協調性

　協調性のある適切な行動をとるためには，社会や組織の中で**「互いに協**

46

力し合う」という意識と親和の心がとても大切になるでしょう。受け
入れる心です。

　では，受け入れる心とはどういうことでしょうか。こんな詩があります。

受いれる

すると
人の気持ちがわかってくる

人の気持ちがわかって
受いれるんじゃあないよ

受いれる

すると
受いれなかった自分が
小さく見える

受いれる

すると
自分の根にある
明るさに気づく

受いれる

それは
両方の手のひらを開いた姿勢だ
共に生きよう、という共存のジェスチャーだ

受いれる──

いかがでしょうか。これが「受け入れる心」ということなのでしょう。

そして加島さんは同書の中で**「受いれない／それは／両手の拳を握り固めた姿勢だ／他者を閉め出し／入ってきたら戦う構えだ」**と書いています。

さて，事例研究③で「高慢で感じが悪い。そのせいで課の雰囲気も悪くなった」と言っていた課員たちの「戦う姿勢」はどうでしょうか。**まずは自分たちが受け入れる。**するとＹの立場も尊重（理解）できる。周りの雰囲気もよくなる。出題の意図もここにあります。

＊事例研究③での「課の雰囲気が悪くなった」は，課員たちにも責任がある。勝手な思い込みがあるからだ。

■ 出題の視点

検定問題では，事例研究③の他，次のようなケースが出題されています。検討してみましょう。

▼社内で誰とも付き合わない後輩のＭ

南由香子は他部署の同僚福山から相談を受けた。「後輩Ｍは，周囲の人と付き合わず，一人だけ浮いた存在になっている。気の合う人がいないからと言うが，先輩としてどのように指導すればよいだろうか」というものである。このような場合あなただったらＭにどのようなことを言うか。箇条書きで三つ答えなさい。

●考え方のポイント

会社での仕事は一人ではできない。チームワークがとても大切になる。そしてこのチームワークは普段からの付き合い（交際）があって初めてコミュニケーションもうまくいく。このように考えてみましょう。

＊設問に，「あなただったらＭにどのようなことを言うか」とある。が，「付き合うのが嫌だったら仕方ないんじゃないの」などと個人的な感想

48

は書かないこと。ここは，組織人^{ビジネスパーソン}としての立場からのアドバイスが前提になる。

●会社の人と付き合うことの意味

　では，以下に解答例を挙げておきます。これが社内での交際の意義になるでしょう。

◆会社はいろいろな人と一緒にすることによって成り立っていることを意識しないといけない。

◆仕事は自分一人ではできないのだから，気が合う合わないに関係なく少しは付き合うことが必要である。

　　＊また特定の人との付き合いだけだと，その他の人との人間関係がうまくいかなくなってチームワークの円滑を欠くことになるので注意が必要だ。その意味で距離感を保つことも大切である。

◆人にはそれぞれ違いがあるから，付き合うことによって自分にないものを学ぶことができ自分の幅が広がることにもなる。

　　＊これも「受け入れる」意味。そして自己啓発の出発点でもある。「新しい展開も始まるよ」（『受いれる』）というわけだ。

◆チームがあって自分が存在するのだから，気が合う合わないは関係なくチームとはうまく付き合うことが必要である。

　　＊解答例は参考までに，四つ挙げておいた。

確認事項

① 『ガイド2』の「事例研究③」と「事例解説」から，**協調性の意義（根幹）**を再確認してください。

② 『ガイド2』の「要点整理」＜協調性のある行動をとることができる＞から，①事業体と協調性，②人柄と協調性，を確認してください。特に「人柄」は重要です。

③ 『ガイド2』の「要点整理」＜出題の視点＞から，①営業に忙しく課内ミーティングに参加しない後輩に対しての助言，②新人へのアドバイス，を確認してください。過去に記述問題として出題された事例です。

4 積極性，合理性，効率性について，深い認識がある

　問題意識を持って積極的（主体的）に仕事に取り組む。この心意気が効率化，合理化へとつながっていきます。

　でも，いくら真面目に仕事に取り組んでいても「顧客サービスの向上」「事務の効率化」「コストダウン」など，いわゆる質の向上を図ることはできないでしょう。

　なぜでしょうか。では，その事例を検討してみましょう。

事例研究④　積極性，合理性，効率性について，深い認識がある　case study

　営業課の原田信一は後輩の内山から，「課長からもっと問題意識を持って仕事をするようにと言われたが，何か悪いところがあるのだろうか」と相談された。このような場合原田は内山に，どのようなことを気付かせてやればよいか。箇条書きで三つ書きなさい。

事例解説　　　　　　　　　　　　　　　　　　　instructions

■　考え方のポイント

1 第一段階（問題意識の意味を考える）

　ここでのポイントは，課長から言われた**「もっと問題意識を持って仕事をするように」**という箇所にあります。

　では，ビジネスマンにとって**問題意識とは何か**。まずはこのことから考えをスタートしてみましょう。すると，**「現状の問題点（仕事の上で解決しなければならないこと）に対し，積極的に取り組んでいくこと」**などの意味が思い浮かんでくるでしょう。改善していかなければならない問題点はどこか，この視点です。

　でも原田は，「何か悪いところあるのだろうか」と，現状に問題（解決が必要なこと）があるのに，それを全く意識していないようです。

　　　　＊問題意識のないところに改善策は生まれないということ。

2 第二段階（販売課員としての問題意識①）

　さて，「問題意識」の意味から，営業課員としてどのようなことを「問題」として意識すべきか，それを具体的に考えていきます。例えば，合理

化，能率化などを考えずに，ただ当てもなく，成り行き任せの仕事（事務）をしているのではないか，などはどうでしょうか。

3 第三段階（販売課員としての問題意識②）

また，営業課員の仕事は事務だけではありません。営業もあります。得意先へのサービスはどうだろうか，得意先とのやりとりから要望などを探っているだろうか，などと思いをめぐらせていきます。

どうでしょうか。内山に気付いてもらうために，このような具体例を幾つか示していけばよいでしょう。

ではここで，内山に問題意識を持って仕事をしてもらうためのアドバイスを，実際に書き表してみましょう。後輩指導の言葉です。

後輩へのアドバイスの仕方

後輩へのアドバイスには，次の解答例のようなものがあります。そしてこれは，新人や後輩への指導をするに当たって極めて重要な意味を持ちます。

①合理化，能率化などを考えずに，仕事を漫然としているのではないか。
②得意先へのサービスを，いつも考えていないのではないか。
③得意先と接する中から，要望などを探るようなことをしていないのではないか。

解答例の他に，「新聞，雑誌などから情報を得たりして，仕事に役立てるなどをしていないのではないか」（『ガイド2』から「情報活動ができる」p.182）などもよい。また，「問題意識とは，現状の問題点（解決が必要なこと）に対し，積極的に取り組んでいくことだが，それを意識して仕事をしていないのではないか」などでもよいだろう。まず，解答例の①として，問題意識を持つことの重要性（意味）を伝えていくわけである（導入）。

　　＊解答は，「考え方のポイント」（第二段階と第三段階）に示したような書き方でも構わない。が，簡潔にまとめると解答例のようになる。これで1級として整った解答になる。

　　＊『ガイド2』の「事例研究④」（p.51）で紹介したケースが，この記述問題のベースになっている。

■ 積極性，合理性，効率性について，深い認識がある

1 問題意識を持つことの重要性

　問題意識を持つということは，仕事の精度を高め付加価値を高めていくことにつながっていきます。いつでも問題意識を持ち，この意識を仕事に生かしていけば，顧客に喜ばれ，そして会社に社会に貢献できるというわけです。出題の意図もここにあります。

　　　　　＊これが「いい仕事」をしているということ。

2 問題意識は営業活動の要

　また，販売企画などのアイデアもこの問題意識が根っこにあってこそのこと。これがないのに，アイデアがひらめくわけはないでしょう。不断の努力をしている，苦心しているビジネスパーソンだけがこれを得ることができるのです。「お客さまのためのよりよいサービスとは何か」。この意識です。

　そういえば，日本マクドナルドホールディングスのＣＥＯ，原田泳幸さんはこんな話をしています。

> 　アイデアを浮かべられる人間と，何も思いつかない人間では何が違うかといえば，それだけの「商売根性」を持っているかいないかというだけだ。世の中がどれだけ変わり，ビジネスのスタイルが洗練されようとも関係なく，結局はそうした部分で差がついてくる。
>
> 　何かを目にするたびにそれをビジネスにつなげられないかと考える姿勢があるなら，ヒントはどこにでも落ちているものだからだ。私はいまでも商売根性という言葉をそのまま使っているが，「がめつさ」といった言葉も連想されるくらいの貪欲な姿勢がなければ，どこを回って何をしようと知恵などは出てこない。
>
> （原田泳幸著『ハンバーガーの教訓』角川 one テーマ 21）

　企画の提案も問題意識（「商売根性」）あってこそ。そういうことなのでしょう。そしてこれがビジネス活動の要です。その意味で，**問題意識は職業意識**でもあるといえるかもしれません。

出題の視点

　検定問題では，事例研究④の他，次のようなケースが出題されています。検討してみましょう。

▼無駄のない仕事の仕方を指導する

> 　渡辺啓介は，後輩の佐伯の仕事ぶりが気になって仕方がない。仕事の出来栄えに問題はないのだが，無駄の多いやり方をしていることが多いからだ。そこで渡辺は佐伯に，無駄のない仕事の仕方をアドバイスすることにした。このような場合，無駄をなくすために考えないといけないこととして，具体的にはどのようなことを挙げればよいか。箇条書きで三つ答えなさい。

●考え方のポイント

　無駄のない仕事の仕方とは，結果に至るまでにかける手間や時間をいかに少なくするかということです。そのための基本的な考え方が答えになります。では，検討してみましょう。

　　　　＊『ガイド2』の「事例研究④」（p.51）を参考にして解いてみるのもよい。

●合理的で効率のよい仕事の仕方

　では，以下に解答例を挙げておきます。これが無駄のない仕事の仕方の基本例になるでしょう。

◆他にやり方はないか。

◆速く処理する方法はないか。

◆楽に処理する方法はないか。

◆簡単に処理する方法はないか。

◆費用の安い方法はないか。

　　　　＊解答例は参考までに五つ挙げておいた。この他にも「分からないところ
　　　　　は，上司や先輩の教えを請うこと」などもある。

確認事項

①『ガイド2』の「事例研究④」と「事例解説」から，**合理的で効率のよい仕事の仕方**を再確認してください。

②『ガイド2』の「要点整理」＜積極性，合理性，効率性について，十分

理解できる＞ から，①将来のビジネスを担うために，②難しい仕事を
幾つも効率よく処理するために，を確認してください。特に，「単純化」
「質の向上」「迅速化」「効率化」「コストダウン」は，ビジネスマンに
とって重要なテーマです。

③『ガイド2』の「要点整理」＜出題の視点＞ から，①残業が多い新人
へのアドバイス，②取引先への訪問と時間管理，その他を確認してくだ
さい。過去に記述問題として出題された事例です。

④『ガイド2』のコラム「人柄とビジネス実務マナー」を再読してくださ
い。そしてここから，「必要とされる資質」の意味を再認識してくださ
い。

⑤『ガイド2』の「Ⅰ必要とされる資質」から記述問題を確認しておいて
ください。また，時間に余裕があれば，『ビジネス実務マナー検定実問
題集1・2級』から，1級の過去問題「Ⅰ必要とされる資質」にチャレ
ンジしてみてください。検定直前対策です。

II

企 業 実 務

---

① 組織の機能

seizitu

① 組織の機能

① 業務分掌について，深い理解がある。
② 職位，職制の持つ役割および機能について，深い認識がある。
③ 会社などの社会的責任および役割について，深い認識がある。

1 業務分掌について，深い理解がある

　担当者として，与えられた役割（仕事）を全うする。これがビジネスマンの基本的な態度です。でも，だからといって，「担当以外の仕事は全く関係ない」というわけではありません。それなりの仕事への関わり方があるのです。

　では，その具体例を検討してみましょう。同じ営業課でも担当商品が違う場合のケーススタディーです。

事例研究① 業務分掌について，深い理解がある　　　　　　　case study

　営業課の小崎聖也が取引先を訪問したところ，担当者から商品Yについて尋ねられた。営業課は商品別に担当が決まっていて商品Yは先輩の担当だが，小崎も多少のことは知っている。この場合，小崎はどのように対応すればよいか。順を追って箇条書きで二つ答えなさい。

事例解説　　　　　　　　　　　　　　　　　　　　　　instructions

考え方のポイント

1 第一段階（業務分掌の意味を確認する）

　業務分掌とは，部署ごとに仕事の分担を決めたものです。これによって，それぞれの部門が効率よく機能していきます。営業は営業の仕事に，広報は広報の仕事に専念できるというわけです。（『ガイド3』 p.64）。

　そしてこの考えは，部署内の担当業務にも適用されます。

　例えば営業部なら，販売活動を効率よく行うために，販売商品別に担当者を当てたり，地区別に営業担当を受け持たせたりしています。まずはこの原則（役割分担）を押さえて考えていきましょう。

*各部門(営業部や総務部など)の担当する業務範囲を明確に分けているのが業務分掌。これによって責任の範囲を明確にしている。

2 第二段階(基本的な対応の仕方)

さて、このことを踏まえての小崎の対応はどうなるでしょうか。

設定条件として、**「営業課は商品別に担当が決まっている」**とあります。であれば、おのずとこの原則を守りながらの対応になるでしょう。例えば、「申し訳ないことだが、自分の担当ではないので詳しいことは分からない。すぐに商品Yの担当者を呼ぶので、その担当者から直接説明を聞いてもらえないか」、などはどうでしょうか。

*商品別に担当が決まっているのだから、その商品について尋ねられたらその担当者に答えてもらうのが原則になる。これが役割分担の基本的な考え方である。

3 第三段階(フレキシブルな対応の仕方)

では、もう一つの対応はどのように考えていけばよいでしょうか。第二段階で述べた対応の仕方で十分のような気もしますが、いかんせん、求めている答えは二つです。

そこで、設問にある**「小崎も多少のことは知っている」**に注目してみます。そしてここから、「分からないことはともかく、知っていることであれば、多少は説明してもよいのではないか」、などを導き出していきます。つなぎ(橋渡し)です。どうでしょうか。

*取引先から商品Yについて尋ねられたのであるから、知っている範囲で説明することは何ら問題ない。

*ここでの木崎の役割は先輩へのアシストである。そしてこれが、営業課としての売り上げにつながっていく。

ではここで、「役割を全うしながら、フレキシブルに対応している」ビジネスマンの事例を、実際に書き表してみましょう。

ビジネスマンのフレキシブルな対応

フレキシブルな対応の仕方には、以下の解答例のようなものがあります。確認してください。

①申し訳ないが、自分の担当の商品ではないので詳しいことは分かりか

ねる。すぐに商品Yを担当している者から連絡させるので，その者から直接説明を聞いてもらえないかと頼む。

②知っている範囲のことでよいということであれば，多少は説明するがよく分からないことは，言わないように気を付ける。

解答例の他に，「会社に帰ったら，商品Yの担当の先輩に経緯を説明して取引先に連絡してもらう」などもよい。

> ＊解答は，「考え方のポイント」（第二段階と第三段階）で示したような書き方でも構わない。が，簡潔にまとめると解答例のようになる。

> ＊『ガイド2』のⅡ-(1)-①「業務分掌について，理解がある」の事例研究①（p.60）に，この記述問題のベースになっている選択問題がある。あらためて確認のこと。

要点整理　　　　　　　　　　　　　　　　　　　the main point

業務分掌について，深い理解がある

1 担当者への敬意

事例研究の解答例②に**「よく分からないことは言わないように気を付ける」**とあります。この心掛けはとても大切なことでしょう。なぜなら，商品Yのことを熟知しているのはその担当者以外にいないからです。そして，これが担当者への敬意(リスペクト)です。出題の意図もここにあります。

> ＊知ったかぶりをして話さないということ。

> > †「無知を恐れることはない。偽りの知識こそを恐れなさい」と言ったのは，確か，パスカルだったような。

> ＊担当外のどのようなことでも，説明したがる知ったかぶりの人がいる。でも，これはいけない。なぜなら，その担当者の専門性にはかなわないからだ。

2 業務分掌について，深い理解があるということ

担当者として，与えられた役割（職務）を全うするのは，言うまでもないことですが，だからといって，「担当以外の仕事は関係ない」ということにはなりません。それなりの仕事への関わり方があるからです。例えば，営業課(チーム)としての目的の達成のために，互いに連携しながら，仕事を遂行していくのもその一つでしょう。

　また，課（部）内の担当者だけでなく，他部門の担当者ともコミュニケーションを図りながら事業貢献を果たしていく必要もあるでしょう。この総合が「**業務分掌について，深い理解がある**」ということです。

> ＊課内の担当者だけでなく，他部門の担当者ともコミュニケーションを図りながら業務を遂行していく。これはもちろん，業務分掌を深く理解しているからできることだ。

> ＊ところで，今後「チームとしての組織」はどうあるべきだろうか。ドラッカーはこう語る。「現代の組織は，知識専門家による組織である。したがってそれは，同等の者，『同僚』，『僚友』による組織である」（Ｐ．Ｆ．ドラッカー著／上田惇生他訳『ポスト資本主義社会』ダイヤモンド社）と。「僚友」によるチームによって，共通の任務を果たしていこうというものだ。そしてこのとき求められるのは，言うまでもなく，ビジネス実務マナーそのものである。

> 　† 「僚友」とは，仕事仲間のこと。

出題の視点

　検定問題では，事例研究①の他，次のような事例が出題されています。検討してみましょう。

▼チームワークと良好な人間関係が，仕事を確実なものにする

> 　香川慎太は，課長が新人に「個人の知識や技能も大事だが，チームワークや良好な人間関係なくして会社の仕事はできない」と話しているのを聞いた。この①チームワークで仕事をする，②良好な人間関係で仕事をするとは，どのようなことをいうのか，それぞれ箇条書きで二つずつ答えなさい。

●考え方のポイント

　ここはチームワークと人間関係の視点から考えていきます。

　チームワークとは，共通の目標に向かって皆が協力し合うこと。個の力の結集というわけだ。

　また**良好な人間関係で仕事をする**とは，我を抑えて相手を尊重し合える関係で仕事をすること。互いが相手を無視して自分の思うがままに仕事をすれば，あつれきが生じ仕事に支障を来すことにもなるからだ。

　このようなことがイメージできればよいでしょう。

●チームワークで，そして良好な人間関係で仕事をする

では，以下に解答例を挙げておきます。

①チームワークで仕事をする

◆仕事をするという目的の下に，皆が結集するということ。

◆仕事をするとき，自分の考え方に固執しないということ。

◆仕事は個人でするのではなく，互いが力を合わせてするということ。

②良好な人間関係で仕事をする

◆一緒に仕事をする人には，好き嫌いの感情を表に出さないこと。

◆一緒に仕事をする人には，人格を尊重して礼儀をわきまえること。

◆一緒に仕事をする人とは，偏った付き合いはしないということ。

> ＊これはどの領域からも出題される内容だが，この事例では「業務分掌」
> で決められたことを確実に実行するための根幹（基本要件）を問うて
> いる。この協調マインドがなければ，いくら仕事を分担してもその成果
> （効果）は期待できないからだ。「業務分掌について，深い理解がある」
> とは，そういうことである。そして，これもヒューマンスキル。
>
> ＊解答例は参考までに，それぞれ三つ挙げておいた。

■ 確認事項

① 『ガイド３』の「事例研究①」と「事例解説」から，業務分掌の基本を
再確認しておいてください。１級記述対策の出発点です。

② 『ガイド２』の「事例研究①」と「事例解説」から，部署内における担
当者の役割分担（分掌）の重要性を確認してください。

③ 『ガイド２』の「要点整理」＜業務分掌について，理解がある＞ から，
①業務分掌の意義，②業務分掌と各部門の機能（役割），を確認してく
ださい。

> ＊キーワードは「組織を構成する各部門の協力と協調」（『改訂１０版社内
> 規程百科』経営書院）である。

Column
石工職人から学ぶ企業実務の心

3人の石工職人

　ドラッカーは『マネジメント（下）』の中で，3人の石工職人の昔話を紹介しています。そしてこのエピソードから，**マネジメントできるビジネスパーソン**とは，どのような人材なのかを描いています。まずは，その3人の石工の話から。

　3人の石切り工の昔話がある。彼らは何をしているのかと聞かれたとき、第一の男は、「これで暮らしを立てているのさ」と答えた。第二の男は、つちで打つ手を休めず、「国中でいちばん上手な石切りの仕事をしているのさ」と答えた。第三の男は、その目を輝かせ夢見心地で空を見あげながら「大寺院をつくっているのさ」と答えた。

（P.F.ドラッカー著／野田一夫，村上恒夫監訳

『マネジメント（下）』ダイヤモンド社）

　さてあなたは，この3人の石工職人をどう評価するでしょうか。ドラッカーは，こう評します。

　第一の男は「一日の報酬に対して，それに見合っただけの仕事はするだろう」。でも，これではマネジメントするビジネスパーソンにはなれないだろう。

　第二の男は，高度な熟練技能（専門能力）にこだわり過ぎている。もちろん，このことは高く評価されるべきである。だが，これではスペシャリストになること自体が目的になってしまう。これまた，マネジメントするビジネスパーソンになることは難しい。

　では**第三の男**はどうか。

　大寺院を造って，敬虔な信者に祈りの場を提供したいと夢見心地で語る彼こそ，マネジメントできるビジネスパーソンである。

　でもなぜ，第三の男なのでしょうか。次にそれを見てみましょう。

マネジメントできるビジネスパーソンは第三の男

　第三の男こそがマネジメントできるビジネスパーソンである。その理由をドラッカーは次のように語ります。

組織の中の人間が果たすべき貢献は多様である。しかしそれらの貢献は、すべて共通の目標に向けられなければならない。（中略）

　　あらゆる仕事が組織全体の目標に向けられなければ、成果は得られない。特にマネジメントの人間の仕事は、組織全体の成功に焦点を合わせなければならない。一人ひとりの成果が、組織全体の目標に向けられなければならない。彼らの成果は、組織全体の成功への貢献によって測られる。

（P.F.ドラッカー著／上田惇生訳
　　　　『ドラッカー名著集14 マネジメント（中)』ダイヤモンド社)

> ＊「組織の人間が果たすべき貢献は多様である」は，営業や総務など，それぞれに役割分担があるということ。業務分掌である。

> ＊「あらゆる仕事が組織全体の目標に向けられなければ、成果は得られない」は，個々の担当業務にのみ埋没してしまってはいけないということ。第二の男である。

　　どうでしょうか。

　　キーワードは**組織全体（共通）の目標**への理解です。そしてこれを3人の石工の例から見てみると，共通の目標はあくまでも「大寺院の建立」であって，暮らしを立てるためでも，スキルを磨くためだけでもないということになるでしょう。言うまでもなく，企業が利益を挙げていくためには，個々のビジネスマンが担当している仕事（職務）が組織全体の目標に直結していかなければならないからです。そしてこれが組織目標と業務分掌の関係になるのでしょう。

2 職位，職制の持つ役割および機能について，深い認識がある

職位とは，社長，部長，課長などの肩書（役職名）のこと。職制とは，その職位に与えられた役割（職務）のことです。それぞれ**職位に合った責任ある仕事**が割り当てられています。

では，責任ある仕事とは何か。その具体例を検討してみましょう。

事例研究② 職位，職制の持つ役割および機能について，深い認識がある **case study**

佐山安雄が所属するＢ社開発課で開発した製品Ｗがマスコミで話題になり，開発部長がインタビューに応じた。そこでの部長の発言は，あたかも部長が開発したような言い方をしているが，実際は佐山の後輩Ｄのアイデアで開発されたもので部長が開発したものではない。このことをＤは，佐山におかしいのではないかと話したが，このような場合佐山は，Ｄにどのように言うのがよいか。箇条書きで三つ答えなさい。

事例解説 **instructions**

考え方のポイント

1 第一段階（職位，職制の持つ役割と機能を確認する）

ここでのポイントは，「あたかも部長が開発したような言い方をしているが，実際には自分のアイデアから開発された製品である」と言うＤの言葉に対し，佐山はどう対応していけばよいか，ということにあります。

組織の機能について，深い認識が問われる場面ですが，さて，このことについて，どう考えていけばよいでしょうか。

Ｂ社は，Ｂ社で販売する製品を開発するために開発部を置いている（**業務分掌**）。開発はそこで，いわば組織的に行われたものである。組織なのだから対外的な窓口は組織の長になる（**職位，職制の役割と機能**）。Ｄは組織の一員であるから，アイデアはＤであっても開発は組織で行ったことになる。

このように考えてみればどうでしょうか。

> ＊開発部長にとってマスコミ対応（窓口）は役割。実際にインタビューに応じるのは機能になる。

† 「この事例でのマスコミ対応は開発部長だが，社長が会社の代表者
として行う場合もある（『ガイド2』p.71）。

2 第二段階（基本的な対応の仕方）

さて，このことを踏まえての佐山の具体的な対応はどうなるでしょう
か。例えば，

「Dのアイデアであっても，Dは開発部員として仕事をしている。そし
てその結果の開発なのだから，Dではなく会社が開発したことになるので
はないか」

「開発部長は開発に携わる責任者なのだから，部長が開発に関して外か
らの窓口になるのは当然のことではないか」

「部長が開発したような言い方になるのは，Dのアイデアであっても，
外から見れば開発部が開発したことになるだろうから，これはこれで仕方
がないことではないか」

などはどうでしょう。

ではここで，「組織の機能」を踏まえた対応例を，実際に書き表してみ
ましょう。

組織の機能を踏まえたビジネスマンの対応

組織人としての対応には，以下の解答例のようなものがあります。確認
しておきましょう。

①Dのアイデアであっても，Dは開発部員として仕事をし，その結果の
開発なのだから，B社が開発したことになる。
②開発部長は開発に携わる部署の責任者だから，開発に関して対外的な
窓口になるのは当然である。
③部長が開発したような言い方になるのは，部員のアイデアであっても，
対外的には開発部が開発したことになるのだから仕方のないことだ。

解答例の他に，「Dは組織の一員であるから，アイデアはDであって
も開発は組織で行ったことになる」などもよい。
　　　＊解答は，「考え方のポイント」（第二段階）で示したような書き方でも構
　　　わない。が，簡潔にまとめると解答例のようになる。

＊『ガイド2』のⅡ-(1)-②「職位，職制の持つ役割および機能について，知識がある」の事例研究②（p.71）に，この記述問題のベースになっている選択問題がある。改めて確認のこと。

要点整理 the main point

■ 職位，職制の持つ役割および機能について，深い認識がある

組織の機能

組織は，一つの目標を共有しているビジネスパーソンの集合体です。そして組織を効率よく機能させ，企業目標を達成するために，業務分掌をつくり，職位，職制を設定しています。もちろん，この根底にあるのはその**立場や役割に応じた責任**です。

事例研究②で見てみると，部長は開発部長という**職位**に基づいて，マスコミ対応という職務を全うしています。**職制**です。そう，開発部長は「メッセージを発信する」**役割**に従って，「マスコミへのインタビュー」に応じているわけです。これが部長の**機能**です。

そして何よりも重要なこと。それは，開発部長のメッセージから，営業部は販売活動に励み，開発部をはじめとしたその他の部門は，営業活動を後方から全面的に支援（バックアップ）することにあります。出題の意図もここにあります。

＊佐山も自己ＰＲにだけこだわるのではなく，事業への貢献という視点（目標）からの行動が必要だ。例えば，営業部への新製品の情報提供などもそうである。

＊いずれにせよ，社員の一人一人が「当事者意識を持って，前向きに会社を良くしていこう，もっと良い会社にしよう，そういう思いを共有」(高橋克徳他著『不機嫌な職場』講談社現代新書) していくことはとても重要なことだ。そしてこれが，利益を得る大本になる。

＊ユニクロで店長を務めたこともある有川真由美さんは，「もうひとつ忘れていけないのは，仕事が成立しているのは，喜んでくれる「だれか」がいるから，ということ。たとえば，飲食業であればお客様が「おいしい」といってくれるから，営業であればクライアントが満足してくれるから，（中略）ライターであれば読者が「面白い，ためになる」と読んでくれるから。事務職で縁の下の力持ち的な仕事をしていても，グループの一員となってだれかのために役立っている感覚はあるでしょう」（有川真由美著『あたりまえだけどなかなかわからない 働く女（ひと）のルール』明日香出版社）と語る。そして，この認識こそが重要だ。

検定問題では，事例研究②の他，社内の役職名の意味などが問われていますが，ここでは，次の事例を検討してみましょう。

＊社内の役職名については，『ガイド2』（p.76）を確認のこと。

▼社内エコ推進プロジェクトのチーム長に任命された後輩へのアドバイス

> 　総務課の江藤遼一は，後輩の大久保から尋ねられた。「社内エコ推進プロジェクトのチーム長に任命されたが，各部署から集まったメンバーの中には先輩や役職者もいるので，指示や依頼がしにくい。どうしたらよいか」というものである。このような場合，江藤は大久保にどのように助言すればよいか。箇条書きで二つ答えなさい。

●考え方のポイント

　まず，プロジェクトチームの意味から考えていきます。プロジェクトチームとは，会社組織とは別に編成された集団のこと。従ってこの場合大久保は，会社組織の自分とプロジェクトのチーム長としての自分，その立場と役割の違いを明確に意識する必要がある。そしてその上で先輩や役職者と接していけばよいのではないか。まずは，このようなことから考えていけばよいでしょう。

●チーム長としての接し方

　では，以下に解答例を挙げておきます。これが，先輩や役職者に対するチーム長としての接し方です。

　◆プロジェクトチームは，会社組織とは別に編成された集団。従って，指示や依頼は会社の序列とは関係ないチーム長の役割と割り切った方がよい。

　◆とはいえ，会社内の組織なのだから，先輩や役職者は人生の先輩として立てた接し方をしなければいけない。

　◆先輩や役職者も，大久保をチーム長として接してくれるだろうから，先輩とか役職者とかをあまり意識することはないのではないか。

＊解答例は参考までに，三つ挙げておいた。

確認事項

① 『ガイド3』の「事例研究②」と「事例解説」「要点整理」などから，職位，職制の意味を再確認しておいてください。1級記述対策の出発点です。

② 『ガイド2』の「事例研究②」と「事例解説」から，職位，職制の持つ役割および機能について，その重要性を確認してください。

③ 『ガイド2』の「要点整理」＜職位，職制の持つ役割および機能について，知識がある＞ から，①役割と機能の意味，②職制の役割と機能，③役割と機能の意義，を確認してください。

④ 『ガイド2』の「要点整理」＜出題の視点＞ から，①担当者が上司から承認印をもらうとき，②営業課員が広報課へ協力を依頼するとき，③職位，職制の役割，を確認してください。

Column

企業実務の根底にあるもの

企業実務とは個性を認めて協調していくこと

　会社組織には，総務や経理，人事，営業などの部門があり，それぞれ与えられた役割の範囲で業務を遂行しています（**業務分掌**）。また各部門には，**職位**としての部長，課長，係長がいて，管理監督者の役割を全うしています（**職制**）。

　この組織体制の下，全社員が**共通の目的（使命）**に向かって仕事をしています。そう，**顧客に最高の満足を提供する**ために，**事業の発展**のために，そして**社会をより豊かにする**ために。

> ＊「明日の組織のモデルは、オーケストラである。250人の団員は、それぞれが専門家である。それも極めつきの専門家である。しかしチューバだけでは、音楽は演奏できない。演奏するのは、オーケストラである。／そしてオーケストラは、250人の団員全員が同じ楽譜をもつことによって演奏できる。オーケストラでは、すべての団員がそれぞれの専門能力を全体の使命に従属させる。そしてすべての団員が一度に１曲だけを演奏する」（上田惇生他訳『ポスト資本主義社会』ダイヤモンド社）。そう語っているのは，ドラッカーである。

　でも，この使命を果たすためには，組織への共感，他のメンバーに対する思いやりと謙虚さを持たなければなりません。常に，「人に関心」を持ち，その人の個性や価値観の違い，いわゆる多様性を認めて協調していかなければ組織は機能しなくなるからです。**組織も「最初に人ありき」**です。**人が大事**なのです。そう，これが**本当の企業実務**であり，企業実務の根底にある在り方でしょう。

3 会社などの社会的責任および役割について，深い認識がある

　企業の社会的責任（ＣＳＲ）の一つに，「利益を上げて納税の義務を果たす責任」というものがあります。

　では，赤字決算によって税金を納めることができなかった企業は，それだけで社会的責任を問われるのでしょうか。存在価値はないのでしょうか。次はそんな事例です。検討してみましょう。

事例研究③　会社などの社会的責任および役割について，深い認識がある　case study

　営業課の大島正雄は後輩の服部から，「企業の社会的責任は，利益を上げて納税することだと聞いた覚えがある。しかしうちの会社は昨年赤字だったので，社会的責任を果たせず存在価値がないということにならないか」と尋ねられた。このような場合，大島はどのようなことを言えばよいか。箇条書きで三つ答えなさい。

事例解説　　　　　　　　　　　　　　　　　　　　　　instructions

■ 考え方のポイント

1 第一段階（企業の社会的責任の内容を確認する）

　ここでのポイントは，「赤字決算により納税できなかったので，社会的責任を果たせず企業の存在価値もないのではないか」と言う服部の言葉です。

　でも果たしてそうか。まずはここから考えていきましょう。

　すると，「赤字という一面だけで，企業の存在価値がないと考えるのは，企業の社会的責任についての認識が足りないのではないか」，などの問題点が挙がってきます。なぜなら，ＣＳＲには，納税の義務だけでなく，「順法，雇用の創出，社会貢献活動」などがあるからです。

2 第二段階（認識不足を補うために）

　では，このことを踏まえて，服部の認識不足を補う大島の対応を考えてみましょう。例えば，「利益を上げて納税するのは言うまでもないことだが，でもこれだけが企業の社会的責任ではないだろう」，「多くの人を採用すること，取引先への仕事の発注，品質の良い製品やサービスを客に提供

することも企業の社会的責任ではないか」，「だから，赤字だったということだけで企業の存在価値がないということはないだろう。企業が続く限り存在価値はあるのだ」，などはどうでしょうか。

> ＊「昨年赤字だったので」という言い方も早計に失するだろう。現在，会社は存続し活動しているのだから。

　では，ここから服部の「認識不足を補う」大島の対応例を，実際に書き表してみましょう。

社会的責任の内容を伝える

　社会的責任の内容を伝える対応の仕方には，次のようなものがあります。それを，以下の解答例から確認してください。

①利益を上げて納税することだけが，企業の社会的責任ではない。

②多くの従業員の雇用を創出すること，取引先への仕事の供給，良質な製品やサービスを消費者（顧客）に提供するなどのことも企業の社会的責任である。

③従って，赤字だったというだけで企業の存在価値がないということはない（企業が存続する限り存在価値はある）。

> ＊解答は，「考え方のポイント」（第二段階）で示したような書き方でも構わない。が，論理的にまとめると解答例のようになる。
>
> ＊ダイバーシティー（雇用の多様化）という考え方がある。これは，「すなわち男女の差，年齢の差，国籍の差，ハンディキャップの有無，そういったものを乗り越えて多くの人がグローバルに働ける企業へ」（ＮＨＫ「仕事学のすすめ」制作班編『柳井正 わがドラッカー流経営論』ＮＨＫ出版）というものだ。そして，これも重要な雇用の創出である。
>
> †Ｐ.Ｆドラッカーもダイバーシティーの必要性に言及しているそうだ。

要点整理　　　　　　　　　　　　　　　　　the main point

会社などの社会的責任および役割について，深い認識がある

1企業の社会的責任

　ではここで，企業の社会的責任について，その具体例を幾つか見てみま

しょう。

①従業員に対しての責任

安全な職場環境と労働条件を提供し，従業員やその家族の生活の安定に寄与する責任。

> ＊リクルートには，ＩＦ制度（遺族年金制度）がある。これは社員が子どもを遺して亡くなった場合，遺児が大学を卒業するまでの間，同期の社員の年俸相当分を年金として支給するという制度のこと。なお，この制度ができたきっかけは，２人の小さな子どもを遺し急逝した社員の家族の将来を心配した同僚からの声だったという（江副浩正著『リクルートのＤＮＡ－企業家精神とは何か』角川ONEテーマ21）。
> なおこの事例から，トヨタ自動車の畑隆司さんの遺した「人事は愛！」という言葉が思い出される。

②消費者（顧客）に対しての責任

安全で良質な品，サービスを適正な価格で提供する責任。

③株主に対しての責任

健全な経営により利益を上げ，安定した配当をする責任。

> ＊ＩＲ部による株主などに対する広報活動も重要。説明責任である。

もちろん，企業の社会的責任はこれだけに限るものではありません。このほかにも，環境に対しての責任，地域社会に対しての責任，企業市民（コーポレート・シチズン）としての責任など，多々あります。

さて，ここから分かること。それは，**企業は優れて社会的存在である**ということです。なぜなら，**「組織はすべて、人と社会をより良いものにするために存在する」**（P.F.ドラッカー著／上田惇生訳『経営者に贈る５つの質問』ダイヤモンド社）からです。出題の意図もここにあります。

２利益と社会的責任

社会的責任を果たすための原資。それは言うまでもなく利益（儲け）です。では，利益とは何でしょう。ドラッカーは，**「利益は［企業にとって］存続の条件である。利益は「未来の費用」つまり事業を継続する費用なのである」**（『マネジメント（上）』）と答えます。そしてここから分かること。それは**「社会を支える財源でもある」**（上田惇生著『ドラッカー 時代を超える言葉』ダイヤモンド社）ということです。そしてこれが，企業の

最たる社会的責任になるでしょう。**公共心**です。

> ＊ドラッカーは,「われわれを取り巻く現代社会ないし経済は,各種の組織体の活動なくしては存在しつづけることはできない」(『マネジメント(上)』)と語る。だからこそ企業は利益を追求し存続していかなければならないのだ。そう,社会生活が不安定にならないためにも。これが利益と社会的責任の関係であり意味である。

3 利益追求と商道徳

でも,利益を追求する上で心しておかなければならないこと,絶対に守らなければならないことがあります。それは,ビジネスの基本(土台)である**商道徳**です。そしてこの商道徳は,**先人の英知に裏付けられた,いわば企業実務の歴史**そのもの。であれば,先人の英知の歴史を学び,その思いを受け継いでいくのもビジネスパーソンの大切な仕事になるでしょう。**道徳心**に基づいた責任ある行動こそが,社会から評価される企業活動になるからです。ビジネス実務マナーです。

では,その英知の幾つかを以下に紹介しておきましょう。参考にしてください。

> ＊企業の利益追求の姿勢に対して,「金儲け第一主義」だと揶揄する向きもある。が,稲盛和夫さん(京セラの創業者)は,石田梅岩の言葉を引用してこう語る。「『利を求むるに道あり』という言葉がありますが,利潤追求はけっして罪悪ではない。ただし,その方法は人の道に沿ったものでなくてはならない。どんなことをしても儲かればいいというのではなく,利を得るにも人間として正しい道を踏まなくてはならない」(稲盛和夫著『生き方』サンマーク出版)と。これがビジネス実務マナーである。
>
> > † 石田梅岩は江戸時代中期の実践道徳家。慈善活動も積極的に展開。「正直と倹約の経済倫理」は,海外からも高い評価を得ている(柴田実著『人物叢書 石田梅岩』吉川弘文館)。「その思想の土台には自己に厳しい倫理観と社会的責任がある」(平田雅彦著『企業倫理とは何か』PHP新書)からだ。CSRである。
>
> ＊孔子は「利を見て義を思い」という言葉を残した。「利益を前にしても道義を優先させる」(加地伸行全訳注『論語』講談社学術文庫)という意味だ。そして,この精神は江戸商人にも受け継がれ,「徳義は本なり,財は末なり,本末をわするるなかれ(茂木家)」や「先義後利(下村彦右衛門)」(岡本享二著『CSR入門』日経文庫)などの家訓となった。なお茂木家とは,キッコーマンの創業家。下村彦右衛門は大丸の創業者。「先義後利」は,孟子の「義を先にして利を後にす」からのもの。

出題の視点

　検定問題では，事例研究③の他，企業の社会的責任に関係する用語も出題されています。それを次に見てみましょう。

▼企業の社会的責任に関係する用語とその意味

コンプライアンス	＝	法令順守
アカウンタビリティー	＝	説明責任
リスクマネジメント	＝	危機管理
アセスメント	＝	評価，査定
ステークホルダー	＝	利害関係者
アウトプレースメント	＝	再就職支援
モラルハザード	＝	倫理の欠如
ＰＬ法	＝	製造物責任法
ダイバーシティー	＝	多様性，相違点
ノーマライゼーション	＝	正常化，標準化

確認事項

① 『ガイド３』の「事例研究③」と「事例解説」「要点整理」などから，社会貢献活動（フィランソロピー）の認識を深めてください。

② 『ガイド２』の「事例研究③」と「事例解説」から，道徳心に裏打ちされた企業実務を確認してください。

③ 『ガイド２』の「要点整理」＜会社などの社会的責任および役割について，知識がある＞から，①企業は社会とともにある，②利益よりも優先することがある，③豊かな社会は企業の社会貢献から，④社会的責任を果たすための原資，を確認してください。

④ 『ガイド２』の「Ⅱ企業実務」から記述問題を確認しておいてください。また，時間に余裕があれば，『ビジネス実務マナー検定実問題集１・２級』から，１級の過去問題「Ⅱ企業実務」にチャレンジしてみてください。検定直前対策です。

Column

良い企業から善い企業へ。それが企業の社会的責任

日本文化と企業実務

　私たちの社会には，**公共心（思いやりの心）が伝統文化**として根付いています。そしてビジネスパーソンは，この伝統文化を受け継ぎ，**「人と社会をより善いものにするために」**企業活動を行っています。

　では，思いやりの心，伝統文化の心とはどのようなものでしょうか。その一例を，日本の文化史から見てみましょう。過去（文化）との対話です。

> ＊企業の社会的責任の根幹に「思いやり」という伝統文化（歴史）があるというわけだ。
>> †「伝統とは持続するために様々な洗練された知恵を生み出すもの」（立川談春著『赤めだか』扶桑社）。
>
> ＊イギリスの歴史家E．H．カーは，「歴史は、現在と過去との対話である」（清水幾太郎訳『歴史とは何か』（岩波新書）と語っている。また共和制ローマ期の政治家キケロは言う。「自分が生まれる前に起きたことを知らないでいれば、ずっと子どものままだ」（『春秋』「日本経済新聞」平成24年12月7日付）』）と。

　いま、我々は、足下を見つめるべきでしょう。
　この日本という国に生まれ、育まれた資本主義の精神。
　それは、いま、世界が学ぶべき深みをもって、現代に甦ってきます。

　渋沢栄一の語る「右手に算盤、左手に論語」の思想。
　近江商人に受け継がれた「三方、良し」の心得。
　住友の家訓、「浮利を追わず」の言葉。

　いま、欧米諸国が「ＣＳＲ」の思想を高らかに語っている、その遥か以前に、この日本という国には、その思想があった。
　そして、この日本という国には、その「日本型資本主義」の精神を支える、素晴らしい思想があった。

「働く」とは「傍」（はた）を「楽」（らく）にすること、との「労働観」

「一隅を照らす、これ国の宝なり」との最澄の言葉を体現した「人材観」

「利益とは、さらなる社会貢献をせよとの、世の声であるとの「利益観」

「仕事の報酬は仕事だ」と考え、働き甲斐ある仕事そのものを報酬と考える「報酬観」

巡り合った仕事を「天職」と考え、その仕事を通じて「道」を求める「職業観」

顧客を鏡として、腕を磨くこと、人間を磨くことを喜びとする「成長観」

そうした価値観は、決して、東洋の片隅の国の特殊な価値観ではない。

それは、いずれ、資本主義の深化とともに、世界全体が学ぶべき「新たな時代の資本主義の精神」になっていく。

（田坂広志著『これから何が起こるのか 我々の働き方を変える「75の変化」』PHP研究所）

＊住友家の「浮利を追わず」とは，目先の利益に走るなということ。

　†「江戸時代の商家の家訓からは、『投機的な事業を戒め、本業中心にして人々のお役に立つ』といった考え方が確立されています。現代社会においてもＣＳＲの一環として『社会との共生』ということが一般化しつつありますが、江戸時代の多くの商人が『公益を先にし、私利を後にすべし』という考え方を基本において活動していた」（『ＣＳＲ入門』）というわけだ。なお共生とは，互いに助け合い，支え合って暮らそうということ。

＊「右手に算盤、左手に論語」は，道徳経済合一説ともいわれている。

＊「三方良し」とは，「売り手よし、買い手よし、世間よし」ということ。この言葉の根本にあるのは「顧客優先」であり，「社会貢献」である。これについては，末永國紀さんの『近江商人』（中公新書），『近江商人 三方よし経営に学ぶ』（ミネルヴァ書房）に詳しい。

　†伊藤忠，丸紅，日本生命，ワコール，高島屋，大丸，東レなど，近江商人にそのルーツが求められる企業は数多い。

＊「一隅を照らす」とは，誠実な心をもって世のため人のために尽くすということ。

　　†最澄は平安時代の僧（天台宗の開祖）。

　いかがでしょうか。これが日本の伝統的な商道徳（文化）の一例です。この先人たちの志の高さを学び取り，実践していくことこそがビジネスマンにとって大切になるでしょう。**「歴史への『尊敬』」（糸井重里著『ボールのようなことば。』ほぼ日文庫）**です。そしてこれが「新たな時代の資本主義の精神」へとつながっていくことにもなるでしょう。

＊ＪＴＢの社長，田川博己さんは，「過去には感謝を。現在には信頼を。未来には希望を」（「日本経済新聞」平成25年2月20日付夕刊）という言葉を座右の銘にしているそうだ。

　　†この言葉はドイツの哲学者，オットー・フリードリヒ・ボルノーによる。日経の「こころの玉手箱3」で紹介された。

＊江戸時代18世紀の日本に，商業道徳を教える学問所が大阪にあった。「徳の意味を深く心に省みること（懐徳）をめざす学校」，懐徳堂である。ここは「その時期、誇るにたる、非常に繁栄した高等期養育機関」（テツオ・ナジタ著／子安宣邦訳『懐徳堂』岩波書店）であった。商道徳の重要性を考え，徳ある商人を養成していたのは，昨今の話ではない。長い歴史の積み重ねがあるのだ。

　　†「徳川幕府の崩壊とともに教育の扉を閉ざすことになった」が，その後住友や他の大阪経済人の支援も受け復興した懐徳堂。戦後，その伝統は大阪大学に受け継がれている。大阪大学21世紀懐徳堂である。

＊また，先人の志を知る参考書として「社史」がある。自社の歴史を知ることは何より重要だからだ。

　　†社史以外にも，『商家の家訓－経営者の熱きこころざし』（吉田實男著，清文社）と『江戸商家の家訓に学ぶ商いの原点』（荒田弘司著，すばる舎）。また，三井銀行から鐘紡に出向し，日本産業資本の指導者として活躍した『武藤山治』（吉川弘文館）や『カルピス創業者三島海雲の企

業コミュニケーション戦略「国利民福」の精神』（後藤文
顕著，学術出版会），『陰徳を積む銀行王・安田善次郎伝』
（北康利著，新潮社），『共感企業』（阪本啓一著，日本経
済新聞出版社），『経営は哲学なり』（野中郁次郎編，ナカ
ニシヤ出版），『日本の実業家－近代日本を創った経済人
伝記目録』（社団法人日本工業倶楽部編，日外アソシエー
ツ）など，日本型経営（思いやり）の礎を築いた先人た
ちの功績を紹介した書籍は数多くある。

●

良い企業から善い企業へ

　「人と社会のために」というビジネスパーソンの志は，高い道徳性の表れで
す。国際的経営コンサルタントのL．V．D．ムイゼンバーグはこう語ります。

　道徳的水準の高い企業という評価は、非常に価値あるものだ。そのことが
もたらす効果には、具体的に見えるものもあれば、数値では表せないものも
ある。
　質の高い従業員は、道徳的な企業に勤めたがるものだ。顧客はそういった
企業とビジネスを続けようとするだろう。さらに、固定客はその会社から商
品を購入し続けるだけでなく、口コミなどで宣伝し、同社の安定した収益性
と成長に貢献する。

（ダライ・ラマ14世＆ローレンス・ファン・デン・ムイゼンバーグ著
／岩木貴子訳『ダライ・ラマのビジネス入門』マガジンハウス）

　　＊1977年ニューヨーク大停電でのこと。ホームレスの集団が街
　　の混乱から逃れるためウォルドルフ・アストリアホテルに入
　　り込んできた。このとき，総支配人は慌てず騒がす，彼らに
　　明かりと食事を提供。そして電気がともり街も明るくなると，
　　彼らは感謝してホテルから出ていったそうだ。何の混乱もな
　　く。（「日本経済新聞」平成19年8月28日付夕刊）

　　　†窪山哲雄さん（ザ・ウィンザー・ホテルズインターナシ
　　　ョナル代表取締役）へのインタビュー記事「ホテルに憑
　　　かれた男②」からのもの。この出来事は，『ザ・ホテリエ』
　　　（久保亮吾著，オータパブリケイションズ）でも紹介され
　　　ている。

目指すべくは**「徳ある企業」**へというわけだ。そしてこの実践者は，一人一人のビジネスパーソンであることは言うまでもないことでしょう。

> ＊「徳ある企業」を紹介している書籍に，『日本でいちばん大切にしたい会社』（坂本光司著，あさ出版）や『社員みんながやさしくなった』（渡邉幸義著，かんき出版），『福祉を変える経営』（小倉昌男著，日経ＢＰ社）などがある。なお，これらの書籍については『ガイド３』と『ガイド２』でも取り上げている。

Ⅲ

対 人 関 係

s i n r a i

① 人間関係

① 適切な対人行動をとることができる。
② 人間関係の心理について，知識がある。

1 適切な対人行動をとることができる

　対人行動の基本は，他者への配慮と気遣いにあります。でも，これがなかなかうまくいかないケースがあります。例えば，あることで係長と課長との間に挟まれたときなどもその一つでしょう。次はそんな「板挟み」の事例です。検討してみましょう。

事例研究① 　適切な対人行動をとることができる　　　case study

　営業課の細木さとしは，取引先の仕入れ担当のＹ氏がけがで入院していて長引きそうだということを知った。そこで係長に報告してお見舞いをどうするかと尋ねたところ，係長はそこまですることもないということだった。数日後，細木は課長から，「Ｙさんが入院してるそうじゃないか，見舞いはどうなっているのか」と言われた。そばに係長もいたが何も言わない。このような場合細木は，どのように対処すればよいか。箇条書きで二つ答えなさい。

事例解説 　　　　　　　　　　　　　　　　　　　instructions

■ 考え方のポイント

1 第一段階（適切な対人行動とは何かを考える）

　例えば，「いえ，見舞いは必要ないと言ったのは，係長です。私はその指示に従っただけです」は，どうでしょうか。

　言っていることはその通りでしょうが，いかんせん，これではそばにいた係長の立場はありません。ここは，係長と課長の立場を慮った**大人の対応**が必要になってくるでしょう。そしてこれが適切な対人行動をとるための基本です。

  ＊入院した取引先担当者のお見舞いについて，係長と課長の考えが違った
  ということ。そして，この「考えが違う」ということを理解することは
  とても重要だ。なぜなら，ここから「係長も課長もそれぞれ理由（根拠）
  があってそう言っているのだろう。ここは双方を尊重した対応をしてい
  こう」とする大人の対応（配慮）ができるようになるからだ。

 さて設問では，課長に「見舞いはどうなっているのか」と言われたと
き，係長もそばにいたとなっています。従ってここは，課長と係長への対
応を別々に考えていけばよいでしょう。さあ，検討してみましょう。

2 第二段階（課長への対応）

 まずは課長への対応。

 例えば，「見舞いに行かないことは係長にも確認している」などと余計
なことは言わずに，「報告も見舞いもしないで申し訳ない」とわびて，「す
ぐにでも見舞いに行く」，などの対応ではどうでしょうか。

  ＊課長に言われたとき，係長の顔をじっと見てもいけない。「係長，見舞
  いには行かなくてもいいよって言ったでしょ」というような顔をして。

3 第三段階（係長への対応）

 次は係長への対応です。

 例えば，係長に「お見舞いの品はどのような物がよいか」と，何もなか
ったかのように改めて相談してみる，などはどうでしょうか。**仕切り直し**
です。

  ＊普段，細木は係長からの指示で仕事をしているのだから，ここは，改
  めて係長に指示を仰ぐことになる。これがビジネスの場での関係性で
  ある。

 さて，それではここで「課長と係長への対応」を，実際に書き表してみ
ましょう。大人の対応です。

大人の対応

 ビジネスの場における良好な人間関係は，大人の対応があってこそのも
のでしょう。次はその解答例です。確認してください。

 **①課長に，報告していなかったことと見舞いをしていないことをわび，
 すぐに見舞いをすると言う。（係長に確認したことは言わない）**

②係長に，見舞いの品などについて改めて相談してみる。

　解答例の他に，「病院の面会時間を調べ，業務を調整してＹ氏を見舞い，帰社後係長と課長に報告する」などもよい。

*解答は，「考え方のポイント」（第二段階と第三段階）で示したような書き方でも構わない。が，簡潔にまとめると解答例のようになる。

要点整理　　　　　　　　　　　　　　　　　　the main point

■ 適切な対人行動をとることができる

1 対人行動の基本

　論語に「己れの欲せざる所、人に施すこと勿れ」というものがあります。これは，「自分が嫌がること，不快に思うようなことは，人にもするな」ということです。そしてこれが対人行動の基本になるでしょう。「初めに他者への気遣いありき」です。

*聖書の黄金律にいわく，「人にしてもらいたいと思うことは何でも、あなたがたも人にしなさい」というものもある。これも孔子と述べていることと意味は同じだ。

†論語からの言葉は，金谷治訳注『論語』（岩波文庫），また，黄金律は，『聖書 新共同訳』（日本聖書協会）による。

2 如才がない対応

　人間関係の難しさの一つに，三者の関係があります。これは二人の関係とは，また違った難しさです。

　でも，このような難しい関係の中でビジネスパーソンに求められるのは，如才がない対応でしょう。

　では，如才がない対応とはどのようなことでしょうか。事例研究①から見てみると，こうなります。

　課長は「見舞いはどうなっているんだ（すぐに行きなさい）」と言っています。直属の上司からの指示です。これには従うほかないでしょう。ここで細木は，課長に報告していなかった自分に責任があるとし，わびを入れて「すぐに行きます」と応えます。

　そして係長に対しては，見舞いの品をどうするか，改めて相談します。

82

係長への相談は**担当者としての職務（努め）**だからです。これで三者の関係は，組織の上下関係に従ってスムーズに運ぶでしょう。これが気が利いて，抜かりのない（如才ない）対応です。

　いずれにせよ，**組織における職位と職制をきちんと理解し，対人行動をとること**が大切です。出題の意図もここにあります。

> ＊ここでの目的は，課長の指示に従って，速やかに見舞いに行くことにある。係長が「見舞いは必要ない」と言ったことについては言及しない。係長には係長の立場，考えがあるからである。組織における上下関係の尊重である。

> †課長と係長との関係にも気を配ること。軽率な発言が，二人の間につまらぬ溝をつくってしまうこともあるからだ。

出題の視点

　検定問題では，事例研究①に見られるように，「対人行動」一般が出題されていますが，ここでは，次の事例を検討してみましょう。事例研究①の類問です。

▼「そのような報告は聞いていない」と言う係長

> 　山岡義雄は，担当している取引先J社の課長が，入院をして長引きそうだとJ社の担当者から聞かされた。そこで山岡は，見舞いをどうするかと係長に相談したところ，その必要はないと言われた。その後J社の担当者に尋ねると，J社に出入りしている他の業者は見舞いをしているという。そのことを係長に話すと，係長は初めて聞いたことだという。このような場合，山岡は係長とJ社の課長にどのようにしたらよいか。また，今後このようなことがないようにするには，どのようにするのがよいか。箇条書きで三つ答えなさい。

●考え方のポイント

　これもよくあるケースです。山岡に同情したい気持ちはやまやまですが，そうもいきません。

　ではどうするか。「いえ，係長には報告しています。間違いありません」はどうでしょうか。恐らく，押し問答に終始してしまい，見舞いどころではなくなるでしょう。

ここは、「初めて聞いたことだ」という係長の言葉を受けて、対応していくしかないのではないか。まずは、このように考えを進めてみたらどうでしょうか。何せ、相手は係長ですから。

●担当者としての接し方

　では、以下に解答例を挙げておきます。これが、上司である係長に対する担当者としての基本的な対応です。

◆係長には、山岡が見舞いについて前に相談したことは言わないようにする。

◆係長には、初めて話したことにして、どのように見舞いをするか指示を受ける。

◆J社の課長には、見舞いが遅れたことを自分のせいにして、見舞いする。

◆このようなことを係長に話すときには、長引きそうだという状況を、具体的に話すようにする。

　　　　　＊解答例は参考までに、四つ挙げておいた。

　ではここで、落語家桂文珍さんの関西大学での講義の一部を紹介しましょう。『落語的学問のすすめ』からのものです。

　　落語の世界の師弟関係というのは「無理へん」に「拳骨」と書いて「ししょう」と読むというふうにいわれるくらいで、一般の感覚とはまるで違います。
　　師匠が白いものを「黒やなぁ」というたときは「黒です」と、こういえるようにならないけないんです。そのときは、腹の中では別のことを考えとったらよろしい。
　　頭を下げている間に、意見は通り過ぎていきます。（笑）
　　こういうのは皆さんが企業に入ってからも役立つと思うんですが、それが私たちの訓練なんですね。
　　例えば、赤信号のとこで待っているとき、師匠が「おい、何色や？」て、こう聞きます。「はっ、赤です」「いや、青やろう」「えっ!?」「青やろう」「あ、あ、赤です」て、こういうてる弟子はあかんのやね。
　　師匠が「青やろ」というたときには「ええ、青です」。「ホントに青

84

やな」「はい、青です」「おまえ、青なのに何で渡らへんの！」（笑）

　このときも「師匠、そら渡れませんわ」ていうてるようではあかんのです。

　「いや、師匠より前歩くのは失礼ですから、どうぞお先に」、こういうやつが出世します。（笑）

　「おまえ、早う来んかい。ほら、早う飛んで来い」ていわれたときは、「ふわーっ」いうて飛んでくる（笑）、それぐらいの機転がないとだめです。

　それだけで出世してんのが明石家さんま君ではないかと（笑）、また彼の人気の秘密もそこにあったりするんではなかろうかと思います。

　このあたりの呼吸に、皆さんが実際に企業にお入りになったとき役立つヒントが隠されていたりするやもわかりません。

（桂文珍著『落語的学問のすすめ』新潮文庫）

　この講義から分かること。それは，師匠に対する**リスペクトの心**ではないでしょうか。そしてこの思いが根っこにあれば，「それは初めて聞いたことだ」に対する対応も，それこそ無理なくできるのではないでしょうか。

　　＊立川談志は，弟子に対して「修行とは矛盾に耐えることである」。そう
　　教えたという（立川談春著『赤めだか』扶桑社）。

確認事項

① 『ガイド3』の「事例研究①」と「事例解説」「要点整理」などから，人間関係への対処について，その基本を再確認しておいてください。1級記述対策の出発点です。

② 『ガイド2』の「事例研究①」と「事例解説」から，人間関係への対処の仕方を確認してください。

③ 『ガイド2』の「要点整理」＜人間関係への対処について，理解がある＞から，①スキルからヒューマンスキルへ，②三省の心，を確認してください。

2 人間関係の心理について，知識がある

　「言葉は心の使い」です。誰に対しても敬意（リスペクト）と謙虚な気持ちで接していかないと，それが言葉になって表れてくるときがあります。そしてこれを相手は敏感に読み取ります。分かるんです。相手がどんな気持ちで言っているのかが。

　次はそんな事例です。そしてここから，物の言い方が人間関係の心理に影を落とす理由を考えてみましょう。

> **事例研究②**　人間関係の心理について，知識がある　　　　　**case study**

　次の事例を読み，下の問に答えなさい。

　営業チームでランチを取っていたときのこと。一条は，先輩の崎山が熱心に話すマーケティングの知識と実践の方法に耳を傾けていた。そのとき一緒にいた新人の清水が，「崎山さんは，何でそんなにマーケティングについて詳しいんすか」と，横から口を挟んできた。崎山は，その言い方を一瞬気にしたようだが，「新人のときにマーケティングに詳しい上司がいてね。その影響を受けてからかなあ」と応えた。すると，清水は，「だから崎山さんは詳しいんですね。私にもそんな上司がいたら，もっとマーケティングに詳しくなれたのに」と言った。このやりとりを聞いていた一条は，「なぜ，そんなことを聞くのか。人の気持ちが分からない言い方をするなあ」と，清水の対応に不快感を覚えた。崎山も顔の表情などから同じような印象を持ったようだ。

問1　一条は，なぜ不快感を覚えたのか。それを清水の言い方の裏にある
　　　心理から分析し，箇条書きで二つ答えなさい。
問2　一条が清水に注意をするとしたら，どのような言い方になるのか。
　　　箇条書きで三つ答えなさい。

86

事例解説　　　　　　　　　　　　　　　　instructions

考え方のポイント

1 第一段階（なぜ，不快感を覚えたのかを考える）

一条は，新人清水に対して**「なぜ，そんなことを聞くのか。人の気持ちが分からない言い方をするなあ」**と，その対応に不快感を覚えています。ではなぜ，一条は不快感を覚えたのか。それが，問1でのクエスチョンです。

そこで，まずは新人清水の**「何でそんなにマーケティングが詳しいんすか」**と**「だから崎山さんは詳しいんですね。私にもそんな上司がいたら，もっとマーケティングに詳しくなれたのに」**の言い方から，その**心理的な背景**を探っていきましょう。

①なぜ，「マーケティングに詳しいのか」と尋ねたのか，その言い方の裏にある心理を探る

まず，「何でそんなにマーケティングに詳しいんすか」ですが，なぜ清水はこのような言い方（聞き方）をしたのでしょうか。例えば，「崎山のマーケティング知識は，きっと誰かに教わったものだろう。マーケティングの本なのかもしれない。そうでなければ，そんなに詳しいわけがない」などの心理はどうでしょうか。

> ＊ここには，崎山に対するリスペクトは微塵もない。あるのは知識を得た理由を尋ねて，納得（安心）する心理だけである。「何だ，やはりそういうことなのか」というわけである。

②理由を知ったときの心理の背景を探る

そしてこの心理は，「だから崎山さんは詳しいんですね。私にもそんな上司がいたら，もっとマーケティングに詳しくなれたのに」という言い方になって表れてきたのではないか，などと考えてみたらどうでしょうか。

> ＊マーケティングに詳しい上司がいたからこそ，崎山は知識が豊富になったのだ，その上司のおかげなのだと言っているようなものだ。そんなニュアンスが感じられる。これでは崎山の顔も曇るだろう。崎山を無視した言い方なのだから。

2 第二段階（注意の仕方を考える）

さて以上の分析から，清水への注意の仕方を考えてみましょう。

まず，「尋ねることそのものが無礼だろう。普通だったら，マーケティングに詳しい崎山に敬意を払って，その話していることを聞いていればいいだけの話だろう。それこそ，理由なんかは関係ない」は，どうでしょうか。

　また，「崎山は新人のときの上司の話を，敏感に受け止め勉強に励んだ。崎山がその上司から影響を受けた後の努力は，普通ではなかなか考えられないことだろう。清水はこの崎山の積極的な姿勢にこそ学ぶべきだ」，などはどうでしょうか。

　　　＊崎山には崎山の自負がある。だから，マーケティングの知識と実践の方法を話したのだ。崎山の努力に目を向けた対応が対人行動の基本である。原因ではなく，過程と今現在への心配りが大切である。

　　　＊すると，ここから清水の自己啓発が始まる。これはとても重要な出発点だ。かつて崎山が上司から受けた薫陶を素直に聞いたように。

　ではここで，心理分析をしたことを実際に書き表してみましょう。人間関係の心理です。

■ 適切な対人行動と人間関係の心理

　適切な対人行動をとるには，まず人間関係の微妙な心理の動きについての知識（センス）が必要です。次はその解答例です。確認してみましょう。

　問1

①「何でそんなにマーケティングが詳しいんすか」の心理的な背景

　　崎山のマーケティング知識は，身近な人から得たものだろう。そうでなければ，そんなに詳しいわけがない，などの心理が潜んでいるものと考えられる。

②「だから崎山さんは詳しいんですね。私にもそんな上司がいたら，もっとマーケティングに詳しくなれたのに」の心理的な背景

　　その理由を知って「何だそうなのか」と，安心する心理が働いていると考えられる。そしてこの心理は，自分にもそのような上司がいたら，崎山と同じ知識が得られたのに，という理屈になる。自己顕示であり，なかなか人を認めない心理である。

　問2

①「尋ねること自体がぶしつけだ。普通の感覚なら，マーケティングに

詳しい崎山に敬意を払って，その蘊蓄に耳を傾けていればいいだけの話だろう。理由は関係ない」

② 「私にもそんな上司がいたら，マーケティングに詳しくなれたのに」も余計だ。これは，崎山のかつての上司と清水の上司の能力比較になるからだ。

③ 「崎山は当時の上司の話を敏感に受け止め，自己啓発に努めた。崎山が上司から影響を受けた後の努力は並大抵のものではない（過程）。清水はその崎山の問題意識の高さにこそ学ぶべきだ」

＊解答は，「考え方のポイント」（第一段階と第二段階）で示したような書き方でも構わない。が，なるべく簡潔にまとめること。

要点整理 the main point

■ 人間関係の心理について，知識がある

1 人間関係における知識
　相田みつをさん（書家・詩人）の言葉に，
「自信はなくて／うぬぼれ／ばかり／ああはずかしい／はずかしい」
というものがあります。

　さて，どうでしょうか。私たちの心の中をのぞいてみると，こんなことになるのでしょうか。でも，このような言葉を知ることによって，自分自身の心を知ることができる。いや，もうすでに知っているかもしれませんが，改めて，確認し改めることができます。**自己再発見**です。すると対人関係の中で，心に抑制がかかり，自分中心だった心が相手のことも考えて行動できるようになります。

　ここでもう一度，事例研究②を見てみましょう。清水が言った「だから崎山さんは詳しいんすね。私にもそんな上司がいたら，もっとマーケティングに詳しくなれたのに」の箇所です。

　さて，どうでしょうか。「私も崎山さんと同じように，詳しくなれる。私だって優秀である」という自己顕示が見え隠れしているような気がしますが。「もっと」という言い方とともに。

　そしてここにあるのは私だけです。

89

心理学者のアドラーはこう語ります。「他の人の目で見て、他の人の耳で聞き、他の人の心で感じる」と。そう、「自分のことにだけ関心を持つのではなく、他の人にも関心を持たなければならない」（アルフレッド・アドラー著／岸見一郎訳，野田俊作監訳『個人心理学講義』一光社）というわけです。これが人間関係における知識です。

> ＊相田みつをさんの言葉は，『ひとりしずか』（角川文庫）による。

> ＊「褒める」という行為にも注意が必要だ。アドラー心理学では，「ほめるというのは、能力のある人が能力のない人に、あなたは＜よい＞と上から下へと相手を判断し評価する言葉ですから、下に置かれた人は愉快ではないのです」（岸見一郎著『アドラー心理学入門』ワニのNEW新書）と指摘している。いわゆる「上から目線」である。

２人間関係の心理を理解するための知識

するとどうでしょうか。相手に対する**敬意と謙虚な態度**が培われてきます。そしてこれが根っこにあれば，人間関係で，それほどぎくしゃくすることもなくなるでしょう。これが**ビジネス実務マナーにおける知識**の意味です。

でもこの知識がないと，事例研究②で見たように，相手はこのことを敏感に察知し不快な感情をあらわにします。人は誰でも，プライドを持っているのですから，なおさらでしょう。

まずは，敬意と謙虚な態度です。そして重要なことは知識（マナー）です。これが「相互尊重の心」を育んでいきます。社会性（ソーシャル・インテリジェンス）です。**ヒューマンスキル**です。出題の意図もここにあります。

> ＊私たちは自分勝手な振る舞いや高慢な態度をとることによって，相手に不快な思いをさせているのかもしれない。しかも，全く気付かずに。でも，だからこそ，相手に敬意を払っているか，謙虚な態度をとっているかなどの自己点検（自問自答）が必要だ。「三省」である。

■ 出題の視点

検定問題では，事例研究②に見られるように，「人間関係の心理」一般が出題されています。類問で見てみると，例えば

「販売企画のプレゼンテーションで，山倉は豊富な資料と自ら撮影した映像を効果的に使って周囲から高い評価を得た。ところが，同僚の藤川が『自分だって，豊富な資料と映像があれば，誰からも評価されるプレゼン

はできるさ』と，うそぶいた。**これを聞いた山倉は思わず不快感をあらわにした」**

　これなども同様の事例でしょう。改めて，その重要性を確認しておいてください。人間関係の心理に影を落とすケーススタディーとして。

確認事項

① 『ガイド2』の「事例研究②」と「事例解説」から，人間関係の心理を理解するための心得を確認してください。

② 『ガイド2』の「要点整理」＜人間関係の心理について，基礎的な知識がある＞から，①人を理解するということ，②人は一人一人違うということ，③急がないということ，を確認してください。

③ 『ガイド2』のコラム「誠実であれ，正直であれ，そして愚直であれ」を再読してください。『レ・ミゼラブル』の話です。

Column

ふと，気が付いたこと

　糸井重里さんが，こんなことを書いています。とても大切な話です。人のことを心から理解するために。そして，人に関心を持つために。

　これは自分の、こころからの発見だと思えることなんです。

「信号待ちをしているときに、
　横やら前やら後ろやら、
　さらには、横断歩道の向こう側やら、
　待っているクルマの中やらに、
　人がいるだろう。
　その一人ひとりが、
　みんなそれぞれなにか思っているんだよな」

恐ろしいことだとも思ったのです。
すばらしいことだとも思うのです。
バカにしちゃぁなんねぇぞ、
あきらめてもなんねぇぞ、
というようなことです。

　　　　　　　　　（糸井重里著『ボールのようなことば。』ほぼ日文庫）

② マナー

① ビジネス実務としてのマナーを活用できる。
② ビジネス実務に携わる者としての服装について，知識がある。

1 ビジネス実務としてのマナーを活用できる

　ビジネスマナーの必要性について語るとき，忘れてならないのは人間関係^{ヒューマンリレーションズ}でしょう。もともとマナーとは，相手への気遣い心遣いを形に表したものだからです。

　さて，このことを踏まえながら「マナーの必要性」について話すとしたら，さて，どのような言い方になるでしょうか。次の事例から検討してみましょう。

事例研究① ビジネス実務としてのマナーを活用できる　case study

　人事部の富永りえは，新人研修でビジネスマナーの指導を担当することになった。そこで研修の冒頭にマナーの必要性について話すことにした。このような場合富永は，どのようなことを言えばよいか。箇条書きで三つ答えなさい。

事例解説　instructions

■ 考え方のポイント

1 第一段階（マナーと人間関係を考える）

　新人研修でマナーの必要性について話すということですから，ここはマナーが人間関係の根本であること，社員としての適切な行動には不可欠であること，などを手掛かりに考えていくとよいでしょう。

> ＊「人間関係の要。それは，相手の考えや価値観，立場などを，思いやること。この気遣う心，慮る心が形に表れたもの。それがビジネス実務マナー」であるからである。

2 第二段階（マナーと人間関係を具体的に考える）

では，マナーと人間関係について，具体的に検討していきましょう。

まず，マナーを気にして接していけば，お互いに相手を尊重した接し方になるので，お互いにいい関係を保てるようになるのではないか。このようなことはどうでしょうか。

また，ビジネスで年や地位の違う人と会うとき，マナーがしっかりしていれば，それを埋めて対等に接することができるのではないか，などはどうでしょうか。

そして，その社員のマナーのよさは，その個人に対して感じのよさを持たれるだけではなくて，会社全体のイメージのアップにもつながるのではないか，なども挙げられるでしょう。

ではここで，マナーの必要性について実際に書き表してみましょう。マナーは人間関係の要です。

■ マナーの必要性を語る

マナーの必要性を語るには，相手の存在（立場）を忘れないことです。次はその解答例です。確認してください。

①マナーを意識して人と接すれば，お互い相手を尊重した接し方になるから，良好な関係を保てるようになる。

②ビジネスで年齢や地位の違う人と接するとき，マナーがしっかりしていれば，その差を埋めて対等に接することができる。

③社員のマナーのよさは，その個人に対して好感を持たれるだけでなく，会社全体のイメージアップにもなる。

解答例の他に，「人と付き合うときマナーを守っていれば，人を不快にさせずに済む。これは人間関係をよくする基本である」などもよい。

　＊解答は，「考え方のポイント」の第二段階で示したような書き方でも構わない。が，簡潔にまとめると解答例のようになる。

■ ビジネス実務としてのマナーを活用できる

人間関係の根本にあるもの。それがビジネス実務マナー

　ビジネス社会では事務的，能率的に事が運ばれます。でも，ときにこの「ビジネスライク」な対応が思わぬトラブルを引き起こしてしまうことがあります。

　それはなぜか。事務的に過ぎる対応が相手に不快感を与えてしまうからです。事を処理することだけに集中し，相手を見ていない。これを機械的（メカニカル）といいます。

　この事務的な対応を和らげ，心を込めた対応にするもの。そして**良好な人間関係（取引関係）を築いていく**ためのもの。それが**ビジネス実務マナー**。そう，**ヒューマンスキル**です。出題の意図もここにあります。マナーが必要であるゆえんです。

> ＊マナーは，人に対する思いやり（情感）が根底にある。
>
> ＊マナーは人間関係の根本であること。社会生活の秩序や円滑な人間関係を保つためにこそ，マナーはあるからである。ビジネス実務マナーが必要であるゆえんである。
>
> ＊ビジネスライクに仕事を進めていくのがいけないということではない。「仕事は人間性でするものである」という哲学が根っこに必要だということだ。

■ 出題の視点

　検定問題では，事例研究①の他，次のような具体的なケースが出題されています。「ビジネス実務としてのマナーを活用できる」かどうかを問うている事例です。

▼立食パーティーでのマナー

　「立食パーティーでのマナーを教えてもらいたい」と言われた。さて，どう教えるか。

　　◆コート，かばんはクロークに預けて会場に持ち込まない。

　　◆周りの人に飲み物をつぐ気遣いをして，多くの人と歓談する。

　　◆壁際の椅子に長く座って飲食しない。

◆食べ終え空いた皿は持ったまま歩き回らないで，サイドテーブルに置くか，係の人に渡す。

◆飲食物を取ったら，そのテーブルから離れて飲食する。

◆黙々と自分一人で飲食をしない。

◆灰皿があっても，他の人が食事をしている間は喫煙しない。

> ＊立食形式のパーティーとは，立ったままで歓談や飲食をする簡易な食事会のこと。

▼和室でのマナー

「和室での所作で注意することを教えてもらいたい」 と言われた。さて，どう教えるか。

◆畳や敷居のへりを踏まないようにして歩くこと。

◆和室に通されたら，指定されるまでは，取りあえず下座に座布団を外して座ること。

◆勧められて座布団に座っても，挨拶するときは，座布団から下りて，正座してすること。

◆座るとき，また立つときも座布団は踏まないこと。

◆原則として，座っているときは正座の姿勢を崩さないこと。

◆かばんは，出入り口に近い下座側の脇に置くこと。

> ＊和室での立ち居振る舞いである。個人宅を営業で訪問するとき，和室に案内されるケースがある。その事例である。

▼接待のマナー

「得意先の担当者を昼食に誘ったとき，どうすればよいか」 と聞かれた。どう教えるか。

◆席は，担当者に上座に座ってもらう。

◆料理は担当者に選んでもらい，自分はそれに合わせるが，担当者が選ばないときは好みを尋ねながら決める。

◆食事中は仕事の話は極力せずに，歓談を心掛ける。

◆食事の速度に気を付け，相手のペースに合わせる。

◆会計について尋ねられたら，こちらで負担することになっていると答える。

> ＊得意先の担当者を誘い，飲食代も負担する。これが接待である。

■ 確認事項

① 『ガイド3』の「事例研究①」と「事例解説」から，ビジネス実務マナーの基本を確認しておいてください。

② 『ガイド3』の「要点整理」＜出題の視点＞ から，①挨拶のマナー，②お辞儀のマナー，③取引先を訪問する際のマナー，④来客応対のマナー，⑤席次のマナー，を確認しておいてください。1級記述問題の出題範囲です。

③ 『ガイド2』の「事例研究①」と「事例解説」そして「要点整理」＜ビジネス実務としてのマナーを活用できる＞ から，①信頼される名刺交換の仕方，②人を不快にさせない，③ビジネスマナーの心を知っていればこそできること，を確認してください。マナーの心です。

④ 『ガイド2』の「要点整理」＜出題の視点＞ から，①取引先の訪問，②応接室でのお茶の出し方，③名刺交換の仕方その1，④名刺交換の仕方その2，⑤応接室で来客と商談中，同僚に係長からの伝言メモを渡されたとき，⑥取引先で担当者と面談中，取引先の社員に「御社から急ぎの電話が入っています」と言われたとき，⑦転勤の挨拶回りをするとき，⑧取引先との会食，を確認してください。過去に1級記述問題として出題されています。

⑤ 『ガイド2』のコラム「マナーの目的は，周囲の人に不快な思いをさせないことにある」を再読してください。**いたわりの心とマナー**を日本文化の視点から紹介しています。

2 ビジネス実務に携わる者としての服装について，知識がある

多くのビジネスパーソンは，上下がそろいのダークスーツを着ています。そしてデザインはベーシックなものを。

なぜでしょうか。**顧客のことを第一に考えての選択**です。これによってビジネスパーソンは，顧客との良好なコミュニケーションの第一歩を踏み出すことができるからです。次はそんな事例です。検討してみましょう。服装に関する知識を問うています。

事例研究② ビジネス実務に携わる者としての服装について，知識がある　case study

営業部の友近紀香は，後輩の南条から尋ねられた。「課長に，『営業は外見で判断されることが多いので，上下がそろいのスーツを着るようにしなさい。これが顧客に対して好印象をもたらす』と言われた。でも，なぜ，そろいのスーツで好印象をもたらすのかが分からない。その理由を教えてほしい」というものである。このような場合，友近は南条にどのように応えればよいか。箇条書きで三つ答えなさい。

事例解説　instructions

■ 考え方のポイント

1 第一段階（上下がそろいのスーツの意義を考える）

冠婚葬祭などの公の場では，それぞれにふさわしい服装をします。これが，相手に対する礼儀でありマナーであるからです。ビジネスの場でも同様です。その場にふさわしい服装が求められます。それが上下そろいのスーツ（ビジネススーツ）というわけです。

ではなぜ，上下そろいのスーツが顧客に好印象をもたらすのでしょうか。**「礼儀正しさとマナー」**をキーワードに考えてみましょう。

　　＊上下がそろっているということは，統一感のある服装だということ。統一感とは，ばらばらではなく，一糸乱れず整然としているということ。整然とは，きちんとして正しく整っているさま（反対語は「雑然」）。そして，これが礼儀正しい服装の基本である。

　　　†会社の意図（顧客第一主義）をよく理解しての服装であるとの見方

もできる。そして，これが信頼される大本になる。統一感が重要であるゆえんである。

2 第二段階（ビジネススーツが顧客に好印象をもたらす理由）

きちんとした服装は，礼儀正しさを表し，これが感じのよさ（好印象）につながっていくのではないか。まずはこのようなことから考えてみたらどうでしょうか。そしてこの礼儀正しさ，折り目正しい態度は，顧客への配慮と敬意を表しているのではないか，真面目で誠実であるということではないか，などと考えを進めてみたらどうでしょうか。

ではここで，ビジネススーツがなぜ顧客に好印象をもたらすのか，その理由を実際に書き表してみましょう。

ビジネススーツが顧客に好印象をもたらす理由

礼儀正しさを着る。それがビジネススーツです。次はその解答例です。確認してみましょう。

①上下がそろいのスーツは，礼儀正しく（折り目正しく）きちんとした印象を与えるからである。

②上下がそろいのスーツは，顧客への配慮と敬意を表すからである。

③上下がそろいのスーツは，真摯で誠実な態度を表すからである。

解答例の他に，「ベーシックなデザインのビジネススーツは，謙虚さを表すからである」などもよい。

  ＊解答は，「考え方のポイント」の第二段階で示したような書き方でも構わない。が，簡潔にまとめると解答例のようになる。

  ＊『ガイド3』の「事例研究②」（p.119）がこの記述問題のベースになっている。重要なテーマの一つである。改めて確認のこと。

要点整理   the main point

ビジネス実務に携わる者としての服装について，知識がある

服装とコミュニケーション

「浮世（うきよ）は衣装七分（いしょうしちぶ）」ということわざがあります。このことわざ，「世間と

いうものは，とかく中身（内容）よりも服装などの見た目（外見）を重んじてしまう」ということ。そうです。だからこそ，ビジネスパーソンは，清潔感のある服装を常に心掛けているのです。あらぬ偏見を避けるために。そしてこれは，とても重要な知識でしょう。なぜなら，これによってビジネスパーソンは，顧客との良好なコミュニケーションの第一歩を踏み出すことができるからです。出題の意図もここにあります。

> ＊いくら「浮世は衣装七分」といっても，あなたが浮世（世間）の目で他
> 人を見てはいけない。外見だけで人を判断するのはとても危険なことだ
> からだ（『ガイド2』p.115）。『マクベス』の中にもこんなせりふがあ
> る。「人の心を顔つきから読みとる術はない」と。

出題の視点

　検定問題では，事例研究②に見られるように，服装とマナー，対人関係を中心に出題されています。このことを押さえておけば，検定問題には十分対応できるでしょう。

確認事項

① 『ガイド3』の「事例研究②」と「事例解説」から，ビジネススーツに対する基本的な考え方を確認してください。ビジネスの場に適した服装のマナーを解説しています。

② 『ガイド3』の「要点整理」＜ビジネス実務に携わる者としての服装について，一応の知識がある＞から，①礼儀正しさを着る，②きちんとした服装は，真摯で誠実な態度の表れ，を確認しておいてください。

③ 『ガイド2』の「事例研究②」と「事例解説」そして「要点整理」＜ビジネス実務に携わる者としての服装について，基礎的な知識がある＞から，①服装を選ぶということ，②服装と第一印象，③服装を整えることの意味，④世間体（普通）を超えて，を確認してください。

④ 『ガイド2』のコラム「全てが一流の対応」を再読してください。世間体を超えたビジネスパーソンの対応を紹介しています。

Column

服装はその雰囲気に合ったもので

　服装はその雰囲気に合ったもので。しかし，最も大事なものは，相手に対するリスペクト。そう語るのは村上龍さんです。

　仕事とファッションについては、わたしがインタビューをつとめるＴＶ番組「カンブリア宮殿」のゲストが参考になるかも知れない。「トヨタの張会長」「全日空の大橋会長」「花王の後藤会長」「ホンダの福井社長」など、いずれもメジャー企業の、しかも超優秀な経営者だが、どういう服装でスタジオに現れたのか、あまり記憶がない。もちろんスーツだった。オーソドックスで、仕立てのいいスーツだ。あまり目立たない柄のネクタイで、全体は派手でもなく、また地味でもなかった。その人柄、考え方、知識と戦略などが強く印象に残ったので、ファッションについてはよく覚えていない。

　カリスマ・ヘッドハンターの古田英明さんに経営者のファッションについて聞いたことがある。「（あまりファッションは重視しませんが）雰囲気に合わないものを着てらっしゃる人って、どこかおかしいですよね」という答だった。考えてみれば当然だろう。ファッションが浮き上がって見える人物といっしょに仕事をしようとは誰も思わない。それは地味だという意味ではない。それがどんなに派手で異様なファッションでも、「雰囲気に合っていれば」浮き上がって見えることはない。

（村上龍著『無趣味のすすめ』幻冬舎）

＊日経スペシャル「カンブリア宮殿」（テレビ東京系で放映）。
「今から５億５千万年前、地球生命の歴史史上の大変革が起きた『カンブリア紀』。多様な生物が一斉に地球上に出現した、未来への進化を担った時代である。経済の大変革が起きている平成の日本。『カンブリア紀』に多種の生物が誕生したように、未来の進化を担う多種多様の人々が現代日本に現れた。そんな『平成のカンブリア紀』の経済人を迎えたトークライブ番組」（『カンブリア宮殿』日本経済新聞出版社）。

　そして村上さんは，**「仕事におけるファッションでもっとも重要なの**

は、相手にリスペクトを表しているかどうかだと思う」(『ガイド3』
p.123) と語ります。もちろん，<ruby>敬意<rt>リスペクト</rt></ruby>を表すことができるのは，誠実な人柄
が根っこにあってこそのものですが。

③ 話し方

① 話し方の成立要件が認識でき，人間関係への結び付きが理解できる。
② 高度な敬語が使える。
③ 目的に応じた話し方が適切にできる。

1 話し方の成立要件が認識でき，人間関係への結び付きが理解できる

話し方を成立させるための必要な条件。その最たるものは「聞き上手」でしょう。そして聞き上手なビジネスパーソンは，人に対する優しさや思いやりを心の中に秘めています。**人 柄** です。

では，その聞き上手の具体的な事例を検討してみましょう。

事例研究① 話し方の成立要件が認識でき，人間関係への結び付きが理解できる **case study**

営業部の月島健は新人の下村から，「研修会で，営業担当者は顧客と話をするとき『聞き上手』になることが大切だと教わったが，具体的にはどのようにすればよいだろうか」と尋ねられた。このような場合月島は，どのようなことを言えばよいか。箇条書きで三つ答えなさい。

事例解説 **instructions**

考え方のポイント

1 第一段階（聞き上手なビジネスパーソンとはどのような人かを考える）

聞き上手な人とは，相手に気持ちよく話をさせることができる人のこと。それには，相手の話の調子に合わせる聞き方をするとか，相手の話に興味があることを示すなどがあるでしょう。そしてこれが，人間関係への結び付きを意識した対応の仕方でもあるということです。

では，このことを踏まえて「聞き上手」を具体的に検討してみましょう。

＊常に相手中心に話を進めていくということ。そしてこれは，良好な人間関係を築く基本でもある。

2 第二段階（聞き上手の具体例）

　相手の話を聞くとき，さてあなたなら，どのような聞き方をするでしょうか。まずはこのことから考えてみましょう。例えば，自分の話したいことはじっと我慢して，なるべく相手がたくさん話せるようにする，相手の話には相づちを打って，相手が話をしやすいようにする，話に興味を示す表情や態度などで，相手の話を一生懸命聞いていることが伝わるようにする，などはどうでしょうか。

　ではここで，「聞き上手」の具体例を実際に書き表してみましょう。

「聞き上手」の具体例

　「聞き上手」なビジネスパーソンは，次のようなことを心掛けて対応しています。それを以下の解答例から確認してみましょう。

　①自分の話は控えめにして，なるべく相手が多く話せるようにすること。
　②相手の話には相づちを打って，相手が話を進めやすいようにすること。
　③興味を示す表情や態度などで，相手の話に共感していることが伝わるようにすること。

　解答例の他に，「相手の話に応じた質問などをして，相手が話を発展しやすいようにすること」「自分の知っている話や興味のない話でも，途中で口を挟まずに，最後まで聞くようにすること」などもよい。
　　　＊解答は，「考え方のポイント」の第二段階で示したような書き方でも構わない。が，簡潔にまとめると解答例のようになる。

要点整理　the main point

話し方の成立要件が認識でき，人間関係への結び付きが理解できる

1 話を聞くということ

　相手の言葉を理解しよう，相手の気持ちを感じ取ろうとする心。それが「話を聞く」ということです。でも，これがなかなか難しい。**「話をしているとき、ほとんどの人は、理解しようとして聞いているのではなく、答えようとして聞いている」**からです。「あなたの言っていることはよく分か

るわ。実は私もね，こんなことがあったのよ。ねぇ聞いてよ」などと。

　どうでしょうか。大事なことは「**まず相手を理解しようとする**」ことです。そう，自分のことの前に。これが「**理解してから理解される**」人間関係ということなのでしょう。

　　　　＊引用は，スティーブン・R・コヴィー，ジェームス・スキナー著／川西茂訳『七つの習慣』（キング・ベアー出版）による。

　　　　＊「安易に『わかります』と言わない」（『聞く力』文春文庫）。そう語るのは阿川佐和子さんである。

2 傾聴は愛の始めなり

　「傾聴は愛の始めなり」。これは永崎一則さん（話力総合研究所所長）が，数多くの著書の中で，また長年にわたる社員研修の場などで，語っている言葉です。そして永崎さんは傾聴の心得として，「**話し手の態度，表情，語調などから真意をつかむ努力をしていたか。ことばや話の内容をよく理解するように一生懸命聴く努力をしたか。相手を尊重し，素直に受けとめて聴いたか**」（永崎一則著『**コミュニケート能力の学び方 教え方**』早稲田教育出版）などを挙げています。傾聴は共感でもある。そういうことでしょうか。

　　　　＊コヴィーは，傾聴の心得を「感情を聴く。意味を聴く。行動を聴く」と言っている。これが，解答例③で示した共感である。

3「聞き上手」は人柄のよさがあってこそのもの

　「聞き上手」なビジネスパーソンは，**謙譲の美徳**の持ち主です。**誠実な人柄**がそうさせるのです。この**高い人間性**が「自分の話（こと）は控えめにして，相手の話を聞く」態度をとらせるのです。**傾聴**です。相手に対する優しさと思いやりです。そして，出題の意図もここにあります。

　　　　＊解答例で示した「聞き上手」の具体例は，単なるテクニックではないということ。高い人間性が「聞き上手」となって表れてくるのである。聞き上手の底流（アンダーカレント）にあるもの，それが高い人間性（人柄）であるというわけだ。

■ 出題の視点

　検定問題では，事例研究①に見られるように，話し方の成立要件と人間関係を中心に出題されています。このことを押さえておけば，検定問題に

は十分対応できるでしょう。キーワードは，相手に対する**共感**です。

■ 確認事項

① 『ガイド2』の「事例研究①」と「事例解説」から，コミュニケーショ
ンの基本を確認してください。「いつでも，聞き手優先の話し方をする」
ヒューマンスキルの事例です。

② 『ガイド2』の「要点整理」＜話し方の成立要件が理解でき，人間関係
への結び付きが分かる＞ から，①話をする目的をはっきりさせる，②
配慮のある言葉遣いをする，③相手に受け入れやすい話し方をする，④
言葉は丁寧に扱うこと，を確認してください。

Column

認めるということ

　組織の中で，互いに認め合うことの重要性を語っているのが，同志社大学教授の太田肇さん（組織論，人事管理論）です。

　人間は、周りの人の目や評価をとおして、はじめて自分自身を知ることができる。自分の姿をみるのに鏡が必要なのと同じである。それゆえ、他人からの承認が欠かせないのである。日常の仕事や生活の中で実力や業績を賞讃されること。自分の行為に対して相手から感謝されること。これらはいずれも自分の能力や影響力を客観的に知る貴重な手段となる。賞讃や感謝をとおして、自分にどれだけ能力・影響力があるか、またそれを発揮する方向が間違っていないかどうかを知ることができるわけである。
　逆にいくら努力をしても、称讃や感謝がなければ無力感や徒労感を味わう。よかれと思ってやったことが、かえって相手に迷惑だったのではないかと心配になり、ときには罪悪感さえ覚えることがある。
　個性も、それがユニークな能力だととらえれば、個性を認められることは称讃や感謝と同じ意味をもつことになる。そもそも周囲との関係の中でこそ個性というものが意味をもつのだから。

（太田肇著『承認欲求』東洋経済新報社）

　そして太田さんは，**「要するに、日々の仕事に没頭し、ときどき周りから称讃や感謝を受けながら能力を伸ばして実績を積み重ねること。それがキャリアアップ」** につながっていくと語っています。「自信」です。

　　＊ところが，批判ばかりしてなかなか他人を認めない人がいる。当時，ある音楽評論家はベートーヴェンの『交響曲第7番』を「酔っぱらってこの作品を書いたのだろう」と酷評した。全く認めないのである。しかし，後にワーグナーは「舞踏の聖化」と言い，リストは「リズムの神化」と述べ，この作品の特性を高く評価した（柴田龍一「ライナーノーツ」東芝TOCE－11006）。過去の音楽形式にこだわり，その新しい表現方法に全く理解を示さない人，よさを分かろうとしない人はいつの

時代でもいるが，これで人間関係は築けない。

　†「知性とは、自分と別の資質の人間、自分と別の価値観
　の人間までも許容し、その才能を認めることだといえる
　だろう」、ちなみに，Ｒ．シューマンは「ベルリオーズや
　リスト、ショパン、メンデルスゾーン、シューベルトな
　ど、現在、大作曲家として知られる人々の作品を的確に
　批評し，的確に本質をとらえ」高く評価した。また，当
　時「まったく無名だったブラームスを発見し、世に紹介」
　（樋口裕一著『音楽で人は輝く』集英社新書）したのもシ
　ューマンだった。知性の人は，人を認める能力（ヒュー
　マンスキル）が備わっているということなのだろうか。

2 高度な敬語が使える

相手への気遣いと配慮，そしてリスペクトがきちんと言葉遣いの中に表れる。これが高度な敬語を使えるということです。

では，その事例を検討してみましょう。

事例研究② 高度な敬語が使える　　　　　　　　　　　case study

広告宣伝課の朝倉隆が昼食から戻ると，デスクの上に木村係長からのメモが置かれていた。

朝倉君へ
・急用で出掛けてくる，時間はかからないと思う。
・私の友人の山田から依頼のあったＬ経済新聞への広告掲載の件は，
　予算がないので断ることにした。
　間もなく山田から電話が入るので，君から断ってもらいたい。
　そのとき，私が，申し訳ない，後で連絡すると言っていたことも伝
　えてもらいたい。よろしく頼む。

　　　　　　　　　　　　　　　　　　　　　　12:30　　木村

このような場合朝倉は，山田氏からの電話にどのように言うのがよいか，適当な言葉を書きなさい。

事例解説　　　　　　　　　　　　　　　　　　　instructions

■ 考え方のポイント

1 全体のポイント

この伝言メモは，係長が朝倉に対して書いたものです。従って実際に記述していくときは，朝倉が山田氏に伝える話し方にしていかなければなりません。これが第一段階の作業（書き換え）です。

　　　＊「伝言メモ」に沿って書き換えていく。

第二段階は，書き換えた文章の吟味です。敬語は正しく使われているか，言葉遣いは丁寧か，不備な言い回しはないか，などを検討します。

　　　＊同時に作業ができればなおベターだが，ここでは手順を追って検討する
　　　ことにする。

2第一段階

①電話での最初の応じ方

　さて，山田氏から「木村さんはおいでですか」と電話がかかってきま
した。あなたなら最初にどのように応対するでしょうか。そうです。
「申し訳ありません，木村は急用で外出しました」などと言いますね。
これが電話応対の基本です。

　　　＊もちろん，伝言メモには「申し訳ない」という言葉はない。が，不在を
　　　告げるにはこの言葉が必要。そしてこの後，係長の「急用で出掛けてく
　　　る」というメモに従って，係長は「急用で出掛けた」旨を伝える。
　　　　†実際にはこの後，「木村から山田様へのご伝言を言付かっています」
　　　　などの対応が入るだろうが，これは省略して，「伝言メモ」に沿っ
　　　　て書き進めていけばよいだろう。

②用件に入る前に言うこと

　さて次は，係長からの伝言（用件）を話すわけですが，その前に大切
なことがあります。それは何でしょうか。**「私は朝倉といいます」**と，
自分の名前を名乗ることです。これが電話応対での礼儀です。

③用件を伝える

　いよいよ用件に入ります。
　「私の友人の山田から依頼のあったＬ経済新聞への広告掲載の件は，
予算がないので断ることにした。間もなく山田から電話が入るので，君
から断ってもらいたい」の箇所です。
　さあ，どうしましょうか。
　ここでは，取りあえず**「Ｌ経済新聞への広告掲載の件は，予算の都合
でお断りすることになりました」**とでもしておきましょうか。

④相手の気持ちを配慮する

　最後は，係長の「断って申し訳ない」という気持ちを山田氏に伝え
ます。
　「私が，申し訳ない，後で連絡すると言っていたことも伝えてもらい
たい」の箇所です。さて，どのような言い方になるでしょうか。
　ここは**「木村が申し訳ない，後でご連絡をすると言っておりました」**
などにしてみましたが，どうでしょうか。

⑤まとめ

　以上で言い換え作業は終わりです。まだまだ不備な箇所は多いのですが，取りあえず整理してみると以下のようになります。

　申し訳ありません，木村は急用で外出しました。私は朝倉といいます。L経済新聞の広告掲載の件は，予算の都合でお断りすることになりました。木村が申し訳ない，後でご連絡すると言っておりました。

　さて，どこが不備な箇所でしょうか。実際にアンダーラインを引いてみてください。

3 第二段階（言葉遣いを整える）

　不備な箇所は以下の通りです。あなたのチェックと比較してみてください。

　申し訳<u>①ありません</u>，木村は急用で外出<u>②しました</u>。私は朝倉<u>③といいます</u>。L経済新聞の広告掲載の件<u>④は</u>，予算の都合で<u>⑤お断りすること</u>になりました。木村が申し訳ない，<u>⑥後で</u>ご連絡<u>⑦をする</u>と<u>⑧言って</u>おりました。

　ではここで，アンダーラインの箇所を丁寧な言葉遣いに直してみましょう。

■「丁寧な言葉遣い」の一例

　係長の伝言に従った丁寧な電話応対は次の解答例のようになります。確認してください。

　申し訳ございません，木村は急用で外出いたしました。私は朝倉と申します。（L経済新聞への）広告掲載の件につきましては，予算の都合でご意向に沿いかねるとのことでございます。木村が申し訳ない，後ほどこちらからご連絡を差し上げると申しておりました。

　　＊木村を「木村係長」または「係長」などとしないこと。

　　＊「L経済新聞社」は書かなくてもよい。分かり切っていることだからだ。

　　＊「時間はかからないと思う」は朝倉への伝言。従って，このことを言う
　　　必要はないだろう。山田氏から広告掲載の件で電話が入ったわけだか
　　　ら，ここは不在を告げて用件に入ればよいだけの話。山田氏も結論を早
　　　く知りたいはずだ。

　　　†このようなことを言ってしまったら、「それなら改めて電話する」な
　　　どと言われかねない。そして用件も果たせなくなる。係長は「後で
　　　山田氏には連絡する」と言っているわけだからなおさらのこと。

＊断るには断るときの言い方がある。「ご意向に<u>沿いかねる</u>」などがそう。
このような場合、「お断りする」などのストレートな言葉は使わずに、
相手の気持を慮った言い方にするということ。断るにも、それなりの
言い方があるというわけだ。
なお、「予算の都合」は必要な言葉。そしてこれが、相手の面目をつぶ
さない言い方になる。断る理由をはっきり伝えることによって、事情を
分かってもらえるからである。

　　　†「お断りすることになりました」は、いかにも事務連絡をしている
　　　かのような言い方。そして、上から物を言っているようなニュアン
　　　スもある。

＊「申す」「いたす」などの敬語の使い方（『ガイド3』p.138）や「後ほ
ど」「こちらから」などの改まった言い方（『ガイド3』p.139）を確認
のこと。

＊広告の掲載を断るのは係長の判断。その言葉を伝えるのだから「…との
ことでございます」となる。これが丁寧な伝言の仕方。

解答例は以上の通りだが、多少の言い回しの違いは特に問題にしない。

＊「申し訳ございません」「つきましては」「こちら」は、それぞれ「申し
訳ありません」「ついては」「木村」などの書き方でもよい。

＊「木村は急用で外出いたしましたが、山田様へのご伝言は、私、朝倉が
言付かっております」などの言い方を挿入してもよい。

高度な敬語が使える

人を敬う言葉

　人を敬うことができるビジネスパーソンは，断るときでも，相手に不快な思いをさせることはありません。それは言葉遣いの一つ一つにも表れています。その一例が**「ご意向に沿いかねる」**という言葉遣いです。

　言うまでもなく，「ご意向」は相手の考えに対する尊敬語。

　そして**「沿いかねる」**の意味。それは事務的に断るのではなく，相手の気持ちを慮りながら応えていく」姿勢のこと。**敬いの心**です。あくまでも，相手中心に，というわけです。ヒューマンスキルです。出題の意図もここにあります。

> ＊「日本語は人を敬う言葉です」（浅利慶太著『時の光の中で』文春文庫）は，ドイツのオペラ歌手エリカ・ケートさんの言葉（『ガイド3』p.143）。
>
> ＊「沿う」には，従う，寄り添うなどの意味がある。この言葉，「あなたの考えに寄り添い，従います」という謙譲の心が根っこにあるようだ。
>
> > †『新漢和辞典』（大修館）や『常用字解』『字通』『字統』（平凡社）などを参考にした。

出題の視点

　検定問題では，事例研究②に見られるように，丁寧な言い方に直す問題を中心に出題されています。このことを押さえておけば，検定問題には十分対応できるでしょう。

> ＊事例研究②は，伝言メモから丁寧な言葉遣いに直す問題だが，他の出題形式も基本的には同じである。以下にその例を挙げておく。
>
> > †次の言葉を，得意先担当者に言う丁寧な言い方に直しなさい。
> > 「これを渡すように，うちの中山先輩から預かって来た」
> >
> > 解答例
> > 「こちらをお渡しするように，私どもの中山から預かってまいりました」
> >
> > †次の下線部分を，取引先に言う丁寧な言い方に直しなさい。
> > 「新製品のカタログを (1) 持ってきたので，ぜひ (2) 見てもらいたい。

(3) 興味があるなら，ショールームへ (4) 案内したいのだが，(5) どうでしょうか」

解答例

(1) お持ちいたしました
(2) ご覧になってください（お目通しください）
(3) ご興味がおありでしたら
(4) ご案内（いた）したいのですが
(5) いかがで（ございま）しょうか

確認事項

① 『ガイド3』の「事例研究②」と「事例解説」から，敬語の使い方の基本を確認しておいてください。

② 『ガイド3』の「要点整理」＜基礎的な敬語を知っている＞ から，尊敬語，謙譲語，丁寧語の使い方を確認してください。

③ 『ガイド3』の「要点整理」＜出題の視点＞ から，出題事例を復習しておいてください。尊敬語と謙譲語の使い分けの事例です。

④ 『ガイド2』の「事例研究②」と「事例解説」から，尊敬語，謙譲語，丁寧語の言い表し方の違いを確認してください。

⑤ 『ガイド2』の「要点整理」＜一般的な敬語が使える＞ から，①人間関係を配慮した言葉遣い。それが敬語，②尊敬の「れる」「られる」の使い方，③謙譲語もう一つの使い方，④失礼な「正しい敬語」，を確認してください。

⑥ 『ガイド2』の「要点整理」＜出題の視点＞ から，一般的な敬語の使い方（語例）を復習しておいてください。

⑦ 『ガイド2』のコラム「『させていただきます』という言葉遣い」を再読してください。近江商人の話です。

＊司馬遼太郎さんの『街道をゆく24』（朝日新聞社）と白洲正子さんの『近江山河抄』（講談社文芸文庫）からの言葉を紹介している。

敬語の役割

　敬語は人間関係の中でどのように捉えていけばよいのでしょうか。詩人の大岡信さんはこう考えています。

　いまでは上下関係の敬語はあまり使われなくなってきていて、ていねい語のなかに敬語が広く包含されていく傾向があります。敬語はむずかしくてよくわからないから、だれに向かってもていねいに言っておけば無難だというかたちで使われています。それがまた、場合によってばかばかしい形式主義になってしまうために、敬語そのものへの関心がうすれてきていると思うのです。そういう意味では、敬語の体系はむかしにもどることはありえないでしょう。新しい人間関係のなかで、お互いのあいだのいたわりとか、思いやりとか、そういうことを表現する新しいしかたが発見されていけば、敬語意識もそちらに向かって新しく練りなおされていくでしょう。

　その場合に、いちばんだいじなことは、自分と話をしている相手がどういう人であって、自分はその人に対してどういう思いをもって接しなければならないか、ということに対する自覚だと思います。だれに向かっても、同じような甘ったれたしゃべり方しかできない子どもは、相手をまだ十分に認識していないわけです。

　相手がからだの弱い老人であろうが、先生であろうが、友だちであろうが、同じしゃべり方しかできない子は、ことばが社会のなかで関係の表現として存在していることについての認識がないという意味で、ことばの使い手としてまだ欠けているものがあります。そうではなくて、どういう地位にある人であろうが、どんな相手に向かっても、自分流のやり方で上下関係のへだてのない話し方ができる、しかも、相手の立場に対してちゃんとした認識のあるあたたかさを示すことができる子どもが出てくるならば、これは、まったく新しいタイプの日本語の使い手になるだろうと思うのです。

　そうなれば、日本語は、決まった形の敬語がない英語などのあり方に近づくだろうと思います。逆にいいますと、たえず相手をきちんと認識して、この人に対しては自分はこういう態度をとらなければならない、ということを知ってしゃべらないと、たちまちぎすぎすした人間関係が露呈してくるで

しょう。敬語がはたしている役割は大きいということが、そこであらためて
わかると思います。

　だから、もし敬語がなくなった場合には、日本人のひとりひとりが、こと
ばに対して意識的になり、自分が相手にしている人がどういう人であるかを
きちんと認識したうえでしゃべる習慣ができてこないと、たえず争いになる
だろうと思います。その意味では、敬語は、ある点では偽善的ではあるけれ
ども、社会的な潤滑油の役割を果たしていると思うのです。

（大岡信著『日本語の豊かな使い手になるために』太郎次郎社）

3 目的に応じた話し方が適切にできる

断るとき，説明するとき，また，クレーム対応のときなど，さてあなたなら，どのような話し方をするでしょうか。

ここでは，そのケースの一つ「苦情対応」を見てみましょう。誠実なクレーム対応の基本を問うている事例です。

事例研究③ 目的に応じた話し方が適切にできる　　　　`case study`

販売課の杉山明弘は係長から，新人の伊藤に顧客からのクレーム電話への対応の仕方を教えるように言われた。このような場合，杉山は伊藤にどのようなことを教えればよいか。箇条書きで三つ答えなさい。

事例解説　　　　　　　　　　　　　　　　　　　　`instructions`

考え方のポイント

1 第一段階（クレーム対応の基本を考える）

顧客からの苦情にはどのようなものがあるか。その代表的な例は，自社のサービスや商品に対する不平，不満などになるでしょう。そしてここでは，お客さまの言い分をきちんと受け止めるための誠実な電話対応が必要になる。このような視点から検討してみましょう。

＊キーワードは誠実さと真摯さである。

2 第二段階（電話対応の基本を考える）

さて，お客さまの言い分をきちんと受け止めるためには，どのような対応が必要なのか。具体的に考えてみましょう。すると，電話には冷静な態度で臨み，クレームの内容と相手の要望を一緒くたにしないように聞くこと，また，相手の言っていることが自分勝手なものであっても，最後まで口を挟まないでいること，そして，その内容がどんなものでも，まずこちらが下手に出て謝ること，などが挙がってきますが，さて，どうでしょうか。

ではここで，「クレーム電話への対応の仕方」を実際に書き表してみましょう。

クレーム電話への対応の仕方

クレーム電話への対応の仕方は，次の解答例のように指導します。確認してみましょう。

①電話には冷静に対応し，クレームの内容と相手の要望を間違いのないように聞き取ること。

②相手の言い分が一方的なものであっても，まずは黙って最後まで聞き，途中で口を挟まないこと。

③クレームの内容がどのようなものであっても，対応の仕方としては，まずこちらが下手に出て謝ること。

解答例の他に，「クレームの内容が相手の誤解によるものであっても，相手を非難しないこと」「こちらの説明は，相手の話が一通り終わってからにすること」などもよい。

> ＊解答は，「考え方のポイント」の第二段階で示したような書き方でも構わない。が，簡潔にまとめると解答例のようになる。

要点整理　　　　　　　　　　　　　　the main point

目的に応じた話し方が適切にできる

誠実な電話対応

「クレームは宝の山である」。そんな言葉をよく聞きます。でも，そのためには，クレームをクレームとして聞くのではなく，お客さまからの貴重な意見として誠実に聞くことが第一に求められます。**傾聴**です。そして，この誠実さがお客さまに伝わったとき，良好な取引関係も生まれるでしょう。**相互信頼**です。出題の意図もここにあります。

> ＊「クレームは宝の山である」とは，業務改善や企画のヒントは顧客からの苦情の中にあるということ。言うまでもなく「時間をかけずに対処しよう」などは論外。
>
> ＊「お客様は常に正しいのです。／もし，お客様が間違っているとします。／それは間違っていることが正しいのです」（永六輔著『商（あきんど）人』岩波新書）と言っている人がいた。

■ 出題の視点

　検定問題では，事例研究③の他，スピーチの仕方や説明の仕方，注意の仕方，質問に答えるときの話の仕方などが出題されていますが，ここでは，次の事例を検討してみましょう。断るときのケーススタディーです。

▼取引先からの依頼を断らなくてはいけないとき

> 　販売課の小宮由紀子は後輩から，取引先からの頼まれ事を断らなくてはいけないときがあるが，断り方で注意しなければならないことを教えてもらいたいと言われた。このような場合小宮は後輩に，どのようなことを教えればよいか。箇条書きで三つ答えなさい。

●考え方のポイント

　取引先なので心情的には断りにくいでしょうが，引き受けられないときはきちんと断っておかないと，後で感情的な問題になりかねません。

　ではどうするか。取引先の気分を害さないように，丁寧な言葉遣いや態度で接していくのがベストな対応でしょう。

●取引先の面目をつぶさない断り方

　では，以下に解答例を挙げておきます。これが，取引先の面目をつぶさない断り方の一例です。

◆相手の気分を害さないように，丁寧な言葉遣いや態度で断ること。

◆断る事情や理由を，相手に納得してもらえるように説明すること。

◆相手に期待を持たれないように，曖昧（あいまい）な言い方をせず，理由を言ってはっきり断ること。

◆後から断ろうと思わずに，その場で断ること。

　　　＊解答例は参考までに，四つ挙げておいたが，「相手の話の途中で，引き受けられないことが分かっても，相手の言うことは最後まで聞くこと」や「できれば代案を示す」などもよいだろう。

　　　＊『ガイド2』（p.136）と本書Ⅲ-(3)-②の事例研究②（p.110）を参照のこと。

　　　　　†『ガイド2』（p.136）の問題を，確実に記述できるようにしておくこと。これが1級にアレンジメントされての出題がある。

確認事項

① 『ガイド2』の「事例研究③」と「事例解説」から，申し出を断るとき
　の基本的な態度を確認しておいてください。

② 『ガイド2』の「要点整理」＜目的に応じた話し方ができる＞から，
　①断る，②説得する，③忠告する，を確認してください。

③ 『ガイド2』の「要点整理」＜出題の視点＞から，①注意の仕方，②
　説明の仕方，③苦情への対応，④苦情を言うときの話し方，を確認して
　ください。ケーススタディーです。

④ 『ガイド2』のコラム「話し方と人間性」を再読してください。心格力
　の話です。

④ 交際

① 慶事, 弔事に関する作法と服装および式次第について, 全般的な知識を持っている。
② 交際業務全般について, 深い知識がある。

1 慶事, 弔事に関する作法と服装および式次第について, 全般的な知識を持っている

神式の葬儀のことを, 神葬祭（神葬）といいます。そしてこの弔事, あまりなじみのないということもあり, 実際に参列してみると戸惑うことばかりではないでしょうか。

では, そんな一例を次の事例から検討してみましょう。

事例研究① 慶事,弔事に関する作法と服装および式次第について,全般的な知識を持っている **case study**

志賀あつしは, 取引先社長の社葬に参列することになった。葬儀は神式で行われるという。このような場合, ①不祝儀袋の表書きは何と書けばよいか。「御霊前」以外の表書きを答えなさい。②神前に玉串を捧げた後の拝礼の作法（仕方）を答えなさい。③その拝礼のときのかしわ手について, 注意することを答えなさい。

事例解説 **instructions**

考え方のポイント

1 第一段階（弔事一般の基礎知識から, 不祝儀袋の「表書き」を考える）

仏式やキリスト教, 神式に関係なく使える表書きが「御霊前」です。でも設問①は, これ以外のものでということですから, 別の書き方を考えなければなりません。ヒントがあります。設問②に「玉串」とあるのがそうです。玉串とは, 神前に供えるものですから, この言葉を使えばよいでしょう。

なお仏式では, この玉串に代わるものを「香典」といい, 拝礼のときこれをご霊前に供えます。そしてこの表書きには, 「御香料」などと書きますが, この書き方を手掛かりに考えていけばよいでしょう。

＊玉串とは，神木である榊の小枝に紙垂（紙片）が付いた，神を拝むとき捧げるもの。これを玉串奉奠という。

＊現在，香典は受付で渡すのが一般的だが，かつてはきちんとご霊前に供えていた。

＊なお，キリスト教式の葬儀で霊前に花を捧げることを献花という。

2 第二段階（初詣の参拝の仕方から「拝礼の作法」を考える）

さて，設問②「拝礼の作法」ですが，これは初詣に出掛けたときのことを思い出してみればよいでしょう。鈴を鳴らし，お賽銭を入れますね。そしてこの後拝礼（お辞儀）をしますが，さて，あなたはどのようなお辞儀をしているでしょうか。

3 第三段階（初詣の参拝の仕方から「かしわ手の作法」を考える）

初詣なら，両手を打ち合わせるとき，音を立ててしますが，さて，葬儀の場合はどうするか，果たして音を立ててよいだろうか，などと考えてみます。これが設問③の答えになります。

ではここで，「神式での葬儀」について，実際に書き表してみましょう。

神式での葬儀

神葬での「表書き」と「拝礼の作法」は，次の解答例のようになります。確認してください。

①御玉串料
②二拝二拍手一拝
③両手を打ち合わせるとき，音を立てないようにする。（忍び手でする。）

①は解答例の他に，「御榊料」「御神饌料」「御神前」など，②は，「二礼二拍手一礼」などもよい。

要点整理 the main point

慶事，弔事に関する作法と服装および式次第について，全般的な知識を持っている

1 お辞儀の意味

神前に**玉串料**を捧げた後，二度お辞儀（拝）をして，音を立てないよう

に二度手のひらを打ち合わせ（拍手），そして最後にもう一度お辞儀（拝）をします。これが**二拝二拍手一拝**です。

　そしてここで重要な位置を占めているのが**お辞儀**です。深い悲しみに思いをはせる。そんな哀悼の気持ちが二度の丁寧なお辞儀になるのです。**敬弔**です。一度だけでは心残りだ，そんな気持ちでしょうか。

> ＊故人への惜別の情，別れがたい思いが二度のお辞儀になる。なお，神社によっては，お辞儀の回数をもっと多くしているところもあるそうだ。

> ＊神前に立ったとき，まず軽くお辞儀（一揖）してから「二拝二拍手一拝」をし，最後にもう一度，軽くお辞儀（一揖）をしてから辞去するという作法もあるようだ。これが丁寧というものである。

　この敬う心と丁寧さが，お辞儀の仕方に表れてくるのです。**ビジネスマナーの第一，それがお辞儀**というわけです。出題の意図もここにあります。

> ＊ビジネス系検定では，このお辞儀を最重要視している。この丁寧なお辞儀の仕方が，ビジネス実務マナー全体に関わってくるからだ。

2「かしわ手」余話

　ところで，なぜ，かしわ手を打つのでしょうか。こんな話があります。参考までにご紹介しましょう。かしわ手の由来です。

　持統の即位式でもうひとつ注目される記述がある。即位した新天皇に対して，群臣が拝礼のほかに拍手をしていることである。ここにいう拍手とは，いわゆる柏手のことで，いまに続く神拝の作法である。即位式の拝礼に，はじめて天皇を〝神〟に見立てる儀礼が取り入れられたのである。

　即位式における拝礼に拍手を用いることは，その後定例化し，また基本的に即位式と同じ構成をとる正月元旦の朝賀の儀礼にも取り入れられる。こうして即位や正月のたびに，神拝の作法をとって天皇に拝礼を行うようになるのである。これが，天皇を〝神〟とする意識を人々の間に定着させるのに重要な役割をはたしたことはいうまでもない。

（熊谷公男著『日本の歴史03巻 大王から天皇へ』講談社）

> ＊持統天皇（第41代）は，飛鳥時代の女帝。

「相手に対する**敬意**」。これがかしわ手を打つ根拠なのでしょう。

124

出題の視点

　検定問題では，事例研究①の他，「還暦」などの長寿の祝い（『ガイド3』
p.158）や慶事，弔事に関する用語（『ガイド2』 p.149 〜 150）が
出題されています。この範囲と以下に紹介する用語を確実に理解していれ
ば，検定問題には十分対応できるでしょう。

宴会やパーティーなどで使われる慣用語

用　語	意　味	用　例
ご唱和 （しょうわ）	一緒に言うこと	「それでは乾杯をいたしたいと存じます。**ご唱和**をお願いします」などと使う。
中締め （なかじ）	閉会近くの一区切り	「いったんここで，**中締め**とさせていただきます」などと使う。
お手を拝借	手を借りる	ここでお手を拝借して一本締めとまいりたいと存じます」などと使う。
お開き	閉会のこと	「お時間になりましたので，お開きとさせていただきます」などと使う。

慶事に関する用語

用　語	意　味
賀寿	長寿の祝いのこと。（『ガイド3』 p.158）
賀詞交歓（換）会	同業者や業界関係者で行う新年祝賀会のこと。
叙勲	それぞれの社会活動で功績のあった人たちに勲章を与えること。
地鎮祭	基礎工事の前にその土地の神を祭り，工事の無事を祈る儀式。
上棟式	建物の骨組みができ，本格的な工事に入る際に行う儀式。建前のこと。
落成式・竣工式	建築工事が完了したことを祝う儀式。

贈り物に掛ける熨斗紙への上書き（表書き）

上　書　き	用　途
御創業祝 開業御祝	取引先の担当者が独立して事務所を開いたときなどに使う。

＊漢字の書き方と読み方，そしてその意味は確実に記述できるようにしておくこと。

■ 確認事項

①『ガイド2』の「事例研究①」と「事例解説」から，式次第とその意味を確認しておいてください。

②『ガイド2』の「要点整理」＜慶事，弔事に関する作法と服装および式次第について，一般的な知識を持っている＞から，①式次第の役割，②式次第のコンテンツ（例），③式典の服装，を確認してください。

③『ガイド2』の「要点整理」＜出題の視点＞から，①上司に同行し，担当先K社の創立記念パーティーに出席したとき，②自社の創立周年記念パーティーで，受付を担当したとき，③葬儀で受付の手伝いをするとき，④葬儀（仏式）での受付係の言葉遣い，⑤上司に同行して通夜に参列したとき，⑥弔事に関する用語，⑦忌み言葉，を確認してください。

④『ガイド2』のコラム「他人の痛みが分かる」を再読してください。「人の悲しみを真摯に受け止める」心。そんな話です。

Column

いくら謙虚でも行き過ぎは禁物

　三辞三譲（さんじ さんじょう）という言葉があります。「勧められても三度は辞退し、三度は譲る心がけ」のことです。

　では，その事例を次のやりとりから見てみましょう。宴会場に入るときのシーンです。

　　Ａさん　「Ｂさん，どうぞお先にお入りください」
　　Ｂさん　「いえいえ，そちらからどうぞ」
　　Ａさん　「何をおっしゃいます。Ｂさんからどうぞ」
　　Ｂさん　「今日はＡさんが主賓です。どうぞ先にお入りください」
　　Ａさん　「めっそうもない。Ｂさんからどうぞ」
　　Ｂさん　「いやいや，そうはまいりません」

　字義通りに再現するとこうなります。でも，これでは「いつになったら，部屋に入るの。宴会始まっちゃうよ」と言いたくもなります。遠慮も程度問題，ということでしょう。

　かといって，Ａさんから勧められ，「はい，そうですか。それではお先に」というのは，いささか潤いに欠けるマナーではないでしょうか。

　ではどうするか。最初は辞退しても二度目は感謝の気持ちで受け入れる。「恐縮です。それではお言葉に甘えてお先に失礼します」と。これが**余韻（趣）を持たせた交際のマナー**，三辞三譲，互譲の精神です。

　　　　　　＊三辞三譲の意味は，『デジタル大辞泉』（小学館）による。なお，同書では「あくまでも目安。三度は行き過ぎで、二度でよいとする説もある」とも解説している。

2 交際業務全般について，深い知識がある

ビジネスパーソンの交際業務の第一は，良好なコミュニケーションを図ることにあるでしょう。接待もその一つです。

そしてここで重要なこと。それは接待を受ける側，される側に関わらず，互いに理解し合える関係をつくり上げていくことでしょう。

ではどうすればよいか。次の事例から検討してみましょう。

事例研究② 交際業務全般について，深い知識がある　case study

岸田純一のいる営業課で岸田が担当している得意先の課長と係長，担当者を接待することになり，計画を指示された。このような場合岸田がすべきことを，箇条書きで四つ答えなさい。

事例解説　instructions

■ 考え方のポイント

1 第一段階（接待の通例として準備するものを考える）

接待の計画を指示されました。このようなときは，接待の通例として準備することを考えていけばよいでしょう。日時や接待する店などは，その最たるものでしょう。

> ＊「いつ，どこで，どのような酒食でもてなすのか。手土産と帰りの交通はどうするのか」などと考えていけばよい。これが接待の通例である。

2 第二段階（接待の準備と手配を，具体的に考える）

接待は，自分側の都合より，相手側のことを第一に考えて計画を進めていくことが必要です。このことを基本に考えていくと，次のようなことが挙がってくるのではないでしょうか。

まず，得意先の担当者にどの日がよいかの都合を聞いて，接待の日にちをそれに合わせよう。このとき，課長と係長の酒や食事の好みも聞いておき，それに見合った店を選ぶようにしよう。そして，3人が家族の人に持って帰れるような手土産を準備しておこう。それと，二次会ができるようにもしておこう。

こんなことで，どうでしょうか。

ではここで,「接待の準備と手配」について,実際に書き表してみましょう。

接待の準備と手配

接待で岸田がすべきことは,次の解答例のようになります。確認してください。

①得意先の担当者に都合を尋ね,接待の日時をそれに合わせる。

②得意先の担当者に課長と係長の酒や食事の好みを尋ね,それに見合った店を選ぶ。

③得意先3人が家族に持ち帰れるような土産を準備する。

④二次会ができるように準備しておく。

解答例の他に,「得意先3人の帰りの交通の便を調べ,必要ならタクシーの手配をする」などもよい。

> ＊解答は,「考え方のポイント」の第二段階で示したような書き方でも構わない。が,簡潔にまとめると解答例のようになる。

要点整理 the main point

交際業務全般について,深い知識がある

1 接待の意義

接待では,日にちや酒食の好みまで**相手に合わせて**計画を立てること。**相手に気を使わせない**ようにすること。これが基本になるでしょう。顧客第一主義です。

そして,ここで重要なこと。それは接待を通して,**互いに心から理解し合える関係をつくり上げていくこと**です。コミュニケーションです。出題の意図もここにあります。

ではここで,接待で苦労してきたビジネスパーソンの話を紹介しましょう。

> 相手の気持を思いはかり、相手が今、何を望んでいるのか、何をしたら喜んでもらえるのか、楽しんでもらえるのか——。

相手にサービスすることで、人と人とが出会い、お互いの人間性を知り合い、関係を深めていく。

　これは、サービスの原点であり、また、それは「接待」の基本につながる。

　ぼく自身、これまで人を接待することも、また人から接待されることも経験してきた。そしていつも感じるのは、

　「接待はむずかしいコミュニケーションだ」

　という思いである。

　だから、いまだに、相手が接待の場で心から笑ってくれると、はじめて（ああよかった、この接待は失敗ではなかった）とホッと胸をなでおろしたりしているのである。また、逆に、接待された場で、相手と意気投合し、話が盛り上がると、リラックスした気分になり、（また、この人たちと会いたいなあ）という気持を抱いて帰路につくことになる。

　　　　　　　（横澤彪著『接待はむずかしいねご同輩！』ＰＨＰ文庫）

2 接待で気を付けなければならないこと

　接待は，酒宴の場だけではありません。ゴルフに誘ってのコンペなどもあります。もちろん，ここで良好なコミュニケーションを図ることができれば言うことはないのですが，ここで注意しておかなければならないことがあります。横澤さんからのアドバイスです。

　接待の本来の意義は、日ごろの厚情に対する感謝の気持を相手に伝え、それによって相手に喜んでもらうことにある。――これも何度も自分に言い聞かせる。したがって、接待の席であからさまに仕事上の話を持ち出し、相手にお願い事をしたり、プレッシャーをかけるのは、最もマズイ行為にあたる。

　接待される相手にも精神的な負担が大きくなって、シラけてしまい、気持よく接待されるという雰囲気ではなくなってしまう。これでは、相手に喜んでもらえるようなもてなしができるはずがない。

　また、相手に精神的な負担をかけさせないことと同時に、経済的な負担をかけさせないことにも、気をつけなければならない。

　とにかく、相手には絶対に支払いをさせないことだ。飲んだ勢い

で、相手が「二次会はウチのおごりに」と言い出すことがあっても、「今日のところは、私どもの顔を立てさせてください」と、相手のメンツをつぶさないように、やんわりと断る。

　相手には絶対におごらせるな、経済的負担をかけるな、が接待の基本であり原則である。

（横澤彪著『接待はむずかしいねご同輩！』ＰＨＰ文庫）

「物欲しげな仕事の話や態度はするな」ということです。下心はいけません。

　確かに接待はお金も使うし気も使います。でもそれは，「今までの感謝の気持ち」と「今後ともよろしくお願いします」という思いを伝えるために使うのです。そして接待の計画は，そのために立てるのです。真心です。これが，**人と人とのつながり**，いわゆる**ヒューマンネットワーク**を築いていくことにもつながっていきます。

　　　　＊ところで，相手のメンツをつぶさないように「今日のところは、私ども
　　　　　の顔を立てさせてください」という断り方は，とてもいいフレーズだ。
　　　　　接待する心がよく表れているからだ。

出題の視点

　検定問題では，事例研究②の他，次のような具体的なケースが出題されています。確認してください。

▼宴会での支払いの仕方

「後輩から，得意先を接待する宴会で上手に支払いを済ませるにはどうしたらよいか」

と尋ねられた。さて，どのようなことを言えばよいか。

◆得意先を外に待たせて，支払いをするようなことをしてはいけない。

◆そのためには，ラストオーダーが済んだら，お開きになる前に支払いを済ませるようにする。

◆そのとき，得意先の前で支払いをするようなことをしてはいけない（得意先が席を立ったときや，自分がトイレに行くふりをして席を立つなど，得意先に気付かれないようにして支払いを済ませる）。

▼入院の見舞い（社外のケース）

「得意先の担当者から課長が事故で入院した」と聞いた。さて，どう対

処するか。

◆担当者に，けがの具合，入院先，見舞いが可能かなどについて尋ねる。

◆帰社してから，担当者から聞いたことを上役に報告し，次のことについて指示を受ける，または相談する。

 a 見舞いに行くかどうか。

 b 見舞金・見舞いの品について。

 c 見舞いに行くということなら，行く日時と行く人について。／行かないということなら，見舞金・見舞いの品・見舞状を送ることについて。

   ＊このような場合の対応は，会社で行うことになる。従ってまずは，上役に報告するために必要なことを担当者に尋ねて，それを上役に報告し，それによって必要なことを行うことになる。重要な交際業務である。

▼入院の見舞い（社内のケース）

「坂本は，過労による体調不良で入院している同僚の見舞いに行くことにした」。さて，ここで注意しなければならないことは何か。

◆業務の進み具合。

◆業績に関する話。

◆人事に関する話。

   ＊このような場合，回復するには，余計な神経を使わず安静にしていなければならない。仕事や業績，人事の話題は神経を使うから病気に障ることになる。そしてこれは，見舞いの相手が先輩でも同じこと。

▼弔事のとき

総務課の若尾は，「取引先のＳ社長の母親が亡くなった」という知らせを受けた。課長に報告すると，Ｓ社長宛てに会社として弔電を打つように」と指示された。さて，このような場合①取引先に確認する事項にはどのようなことがあるか，②一般的な電文はどう書くか。

①取引先に確認すること

◆葬儀の日時と場所。

◆葬儀の形式。

②電文

◆ご母堂様のご逝去を悼み，謹んでお悔やみを申し上げます。

   ＊この出題例は，「弔事」を交際業務の視点から設定したもの。

132

▼災害見舞いのとき

「取引先の近くで火災があったが，何とか類焼は免れたそうだ」。さて，
このときの見舞いの上書きはどう書くか。

◆近火御見舞。
_{きんか}

*また，よそからの火事で取引先が被害に遭ったときは「類焼御見舞」と
上書きし，取引先が火災に遭ったときは「出火御見舞」とする。

確認事項

①『ガイド2』の「事例研究②」と「事例解説」そして「要点整理」＜一
般的な交際業務について，知識がある＞から，①気遣いに対するお礼，
②上位者に対する礼儀，③お返しについて，その基本を確認しておいて
ください。

②『ガイド2』の「要点整理」＜出題の視点＞から，①同僚の入院見舞
い，②社外の関係者に金品を贈るときの上書き，③社内の人へ金品を贈
るときの上書き，④時候の挨拶で品を贈るときの上書き，⑤祝儀袋で
祝い金を贈るときの贈り主名の書き方（連名），⑥取引先を接待すると
き（上司と自分），⑦取引先から接待されたとき（上司と自分），⑧パー
ティーに出席したとき，を確認してください。

③『ガイド2』のコラム「結婚の祝い」を再読してください。**マナーの
存在理由**です。

④『ガイド2』の「Ⅲ対人関係」から「記述問題」を再確認してくださ
い。また，時間に余裕があれば，『ビジネス実務マナー検定実問題集1・
2級』から，1級の過去問題「Ⅲ対人関係」にチャレンジしてみてくだ
さい。検定直前対策です。

心のこもった交際の言葉

　営業スタッフの下条ゆかりは，得意先の担当者に手土産を渡し応接室で待っていました。すると，別の社員が応接室に入ってきて**「お持たせで申し訳ありませんが」**と言って，茶菓をテーブルの上に置き退室しました。

　さて，この**「お持たせ」**という言葉，あなたはどのようなニュアンスで受け取るでしょうか。日本史学者の飯倉晴武さんはこう解説します。

　一般的にお客様からいただいたものはその場では出さない、というのが古くからのしきたりでした。

　しかし、「おもたせ」とは、「人が手ずから持ってきた贈り物。おみやげ。多く、持参のものをすぐにその客へ出す場合にいう」というように、親しい間柄でしたら、お客様にいただいたお菓子などを「では、おもたせをいただきましょう」などと、その場で気楽に開けるのも、今では一般的になっています。

（飯倉晴武監修『日本人 礼儀作法のしきたり』（青春新書）

　この「お持たせ」という言葉、お客さまへの深い敬いの心を感じます。「あなたが，わざわざ持ってきてくださったお土産。本当にありがたく，とても恐縮しております」と。そう，こんな思いが「お持たせ」という敬いの言葉を誕生させたのでしょう。

　ところで，お土産や贈答品になぜ食べ物が多いのでしょうか。飯倉さんはこう語ります。

　本来、「みやげ」とは、旅に出るとき餞別をくれた人に配るため、旅先の土地の産物（土産）を求めて帰ったのが始まりでした。みやげという言葉は本来は「宮笥」（笥は竹で編んだ箱）で、寺社に参拝した際、神様の恩恵を持ち帰って人々に分け与えることを意味していました。

　また、このほかに「みやげ」とは「見上げ」という言葉が転じたものだという説もあって、「見上げ」、つまり、よく見て、調べて人に差し上げる

もの、ともいわれます。土産を買うときは、よく見て調べ、心づかいが感
じられるものを差し上げるようにしたいものです。

（飯倉晴武監修『日本人 礼儀作法のしきたり』（青春新書）

　いかがでしょうか。これが**「土産は心遣い（ハートフル）」**といわれるゆえんです。
そして，これが交際の心，共生の精神です。

　ちなみに，営業スタッフの下条さん。この「お持たせ」を「お待たせ」
と聞き違えたそうです。でも，これってよくあることですよね。

　　　　＊「最近の食品には『賞味期限』や『消費期限』がついている
　　　　　ので、これらの日にちにも気をつけるようにします。購入す
　　　　　る際、『どのくらい日持ちしますか？』と尋ねてみて、消費期
　　　　　限までにそのお宅で食べきれるかどうかまでも考えたいもの
　　　　　です」（前掲書）。これもとても大切な心遣いである。

IV

電話実務

① **会話力**
② **応対力**

kizukai

① 会話力

> ① 感じのよい話し方ができる。
> ② 整った分かりやすい話し方が適切にできる。

1 感じのよい話し方ができる

　「感じのよい話し方ができる」ということは，感じのよい話し方とそうでない話し方の違いが分かり，なおかつ表現することができるということになります。そのことを意識して次のケースに取り組んでみましょう。

事例研究① 感じのよい話し方ができる　　　　　case study

　広沢風香は後輩の内村に，電話で話すときは，「よろしくお願いしますぅ」「ありがとうございますぅ」など語尾を伸ばした言い方をしないように注意した。なぜ語尾を伸ばすのはよくないのか。その理由を箇条書きで三つ答えなさい。

事例解説　　　　　　　　　　　　　　　　instructions

　この事例は，「語尾を伸ばした言い方はよくない」理由を考えるケースです。

考え方のポイント

１．第一段階(語尾を伸ばした言い方とはどのような言い方かを考える)

　語尾を伸ばす言い方とは最後の音を伸ばすということですから，「失礼しますぅ」，「よろしいでしょうかぁ」などの言い方になることです。実際に話してみて，「失礼します」「よろしいでしょうか」という，きちんとした言い方とどのように違うか考えてみましょう。

２．第二段階(語尾を伸ばした言い方が聞き手に与える印象を考える)

　では次に，語尾を伸ばして言うと相手にどのような印象を与えるかを考えましょう。何と言っても締まりのない言い方であることは明確です。では締まりがないと相手にどのような印象を持たれるのでしょうか。だらし

ない，仕事をきちんとしているかどうか不安などの印象を与えてしまうのではないでしょうか。

それ以外にはどのようなことがあるでしょうか。やる気がない，誠実さに欠けるなどなど。その印象をビジネスの場に関連付けて考えてみてください。それらが，検定試験の解答として求められることです。

■ 声だけが頼りの電話応対

話し方だけで意思を伝えるのが電話応対です。相手に感じよく伝えようという誠実な気持ちがないと，「ぞんざいだ」「軽んじている」などの印象を与えてしまいます。次の解答例を参考にして，感じのよい話し方を身に付けるようにしましょう。

① 締まりがなく，てきぱきした感じに聞こえないから。
② なれなれしい感じに聞こえ，ビジネスの場にふさわしくないから。
③ 軽薄な感じに聞こえるから。丁寧で改まった感じに聞こえないから。

要点整理   the main point

■ 感じのよい話し方ができる

電話は話す相手が見えませんから，どのような気持ちで話を聞いているか，肯定的に受け止めているかどうかなどを感じ取るのは，お互いの声の調子や話し方の雰囲気などになります。となりますと，相手によい印象を与えるのは話し方も重要なことですが，それだけではなく電話をしているときの態度・振る舞いや表情なども軽んじてはいけないことが理解できるのではないでしょうか。以下に挙げたことは常に意識してほしいことです。

① 話すときは，目の前に相手がいるような表情で話すこと。
② 態度の悪さは声の調子に出るので，腕を組んだり肘を突いたりしない。
③ 姿勢を正して，いつでもメモが取れるように準備をする。
④ 話し方は明るくはきはきと，受け答えはてきぱきとする。
⑤ なれなれしくならないように，謙虚さを意識して丁寧に応対する。

2 整った分かりやすい話し方が適切にできる

　整った分かりやすい話し方とはどのような話し方でしょうか。整った話し方と分かりやすい話し方に分けて考えてみると，より具体的になると思います。まずは次の事例に取り組んでみてください。

事例研究② 整った分かりやすい話し方が適切にできる　　case study

　販売課の丸山智春は係長から，「電話で商品説明をするときの話し方が冗長だ。もっと端的に説明するように」と注意された。なぜ冗長な説明はよくないのか。その理由を箇条書きで三つ答えなさい。

事例解説　　　　　　　　　　　　　　　　　　　　instructions

　この問題は「話し方が冗長だ。端的に話すように」と言われたということ。ここで考えなければならないポイントは，「冗長な話し方がなぜ悪いのか」ということです。

考え方のポイント

１．第一段階（冗長な話し方を理解する）

　まず，冗長な話し方とはどういう話し方か。端的な話し方とはどういう話し方かを具体的に理解する必要があります。

　「冗長な話し方」とは話がだらだらと長く無駄が多い話し方です。別の言い方をしますとビジネス的な話し方ではありません。だらだらしているということは，聞いていてポイントが分かりにくくなりますから，焦点がぼけて間違いが起こりやすくなります。

２．第二段階（端的な話し方を考える）

　一方，「端的な話し方」とはどのような話し方でしょうか。無駄のない明白な話し方，つまり要点をはっきりさせた話し方ということです。

　例えば，電話をかけて本題に入る前に，「○○の件についてご連絡いたしました」「○点ほどお尋ねしたいことがございます」と，要点(目的)をはっきりさせてから内容を話し始める。当然，電話をかける前に要点をまとめなければなりませんので，おのずと的を射た話し方ができるようになります。そうしますと聞き手も聞く準備ができ，内容や所要時間の予測ができ

るようになるということです。

３．第三段階（冗長な話し方がビジネスの場にふさわしくない理由を考える）

　電話をかけた相手がどのような状況か，上司と打ち合わせ中か，会議中か，などかけ手には分かりません。そのような中で電話に出て，応対しているのだということを常に意識して話すということが必要です。

時は金なり

　ビジネスの場では，どのようなときも常に効率よく，正確に，的確に処理することが求められます。電話応対も同様です。次の解答例からそれらを学んでいきましょう。

①　説明に時間がかかるので，忙しいビジネスの場では相手の迷惑になり，また自分の仕事にも差し支えるから。

②　余計なことが多いため，重要なところが分かりにくくなり，理解不足や誤解を招くから。

③　説明がだらだらとしてはっきりしない印象になり，会社や商品の信頼性に影響するから。

要点整理　the main point

整った分かりやすい話し方が適切にできる

　相手に的確に用件を伝えるには，まず相手が聞き取りやすい話し方をすること。そして理解しやすい話し方をすることが必要です。この聞き取りやすい話し方が「整った話し方」であり，理解しやすい話し方が「分かりやすい話し方」ということです。では，より明確になるように「整った話し方」と「分かりやすい話し方」に分けて考えてみましょう。

　＜整った話し方＞

・話し方が落ち着いていて話す調子が一定である。

・テンポがよくメリハリがあり聞き取りやすい話し方である。

・抑揚がありはきはきとした話し方である。

・言葉遣いが整っていてスムーズな話し方である。

・間の取り方が適切な話し方である。

＜分かりやすい話し方＞
・無駄な言葉がなくまとまりのある話し方である。
・話す用件が順序よく整理され，聞き手がイメージしやすい話し方である。
・聞き手が理解しやすい適切な言葉を使って話している。
・理解しにくい内容は，例え話を引用して分かりやすくするようにする。

　いかがでしょうか。このように見てみますと「整った話し方」は話し方の調子が重要なポイントであり，「分かりやすい話し方」は，話す言葉の選び方や話の構成の仕方がポイントになっていることがお分かりでしょう。このようなことを意識して整った分かりやすい話し方を心掛けましょう。

② 応対力

- ① 用件や伝言の受け方が適切にできる。
- ② 用件や伝言の伝え方が適切にできる。
- ③ 電話の特性について，深い知識がある。
- ④ 電話の取り扱いが適切にできる。

1 用件や伝言の受け方が適切にできる

　３級，２級では，用件や伝言そのものの適切な受け方について学びました。ここでは，さらに広く，電話応対そのものの適切な応対について考えてみましょう。感じのよい電話応対の基本を意識しながら，次の問題を検討してみましょう。

事例研究① 　用件や伝言の受け方が適切にできる　　　case study

　次はＹ食品生産課の平沼利光が電話に出たときのやりとりだが，平沼の対応が不適切である。どのようなことが不適切か。箇条書きで五つ答えなさい。

（平沼が電話を取ると，いきなり）

相手：「おたくは一体，何をやってるんだ！」

平沼：「いきなり何だよ。おたくは一体，どちらさま？」

相手：「こんなに迷惑を掛けておきながら，分からないのか？責任者を出せ！」

平沼：「少々お待ちください」

（課長に電話を取り次ぐ）

課長：「お電話代わりました。生産課長の桜井でございます」

相手：「桜井？　……あのぅ，Ｋフーズさんですよね」

課長：「いえ，Ｙ食品生産課でございますが」

相手：「すみません，間違えました」

いかがでしょうか。問題を読んで，平沼の応対の不適切さに気付いたで
しょうか。そうです。この受け答えは電話応対の基本が抜けています。電
話の相手がいきなり苦情をぶつけてきたことに影響されたのか，平沼の受
け答えも基本の形を成していません。

考え方のポイント

１．第一段階（電話の受け方の基本を考える）

①電話に出たらまず社名を名乗る。

②明るい声で簡単なあいさつをする。

③電話の相手が名乗らないときはこちらから尋ねる。

などの基本的な応対です。

ビジネスの場では常に改まることが基本です。

受話器を取ったらまずは「はい，Ｙ食品生産課でございます」と名乗り
ます。このように名乗っていれば，「恐れ入りますが，どちらさまでしょ
うか」と，自然の流れで相手に名前を確認することもできるでしょう。

２．第二段階（苦情の電話対応について考える）

次に考えることは，苦情の電話に対する対応の仕方です。

「こんなに迷惑を掛けておきながら〜。責任者を出せ！」と言ってきた，
相手の言うままに課長に取り次いでいますが，ここは，「恐れ入ります。
お客さまに私どもがどのようなご迷惑をお掛けしてしまったのか，お話し
いただけませんでしょうか」と言って，まず平沼が事情を聞くことが必要
です。

感情的に言う相手の言い方に振り回されない対応を

苦情を言う場合は誰でもそうなりがちですが，感情的になり怒りをぶつ
けてきます。そのようなときこそ，受ける側は基本に立ち返って冷静な対
応をすることが必要です。次の解答例を基に考えてみましょう。

① 最初に会社名を名乗らなかったこと。

② 相手の強い口調を受けて，丁寧でない言葉遣いで応じたこと。

③ 名前を尋ねたが相手が答えなかったのをそのままにして，結局相手を確認しなかったこと。
④ 相手の用件（どのような迷惑か）を確認しなかったこと。
⑤ 「責任者を出せ！」と言われたままに課長に電話を取り次いでしまったこと。

要点整理　　　　　　　　　　　　　　　　　　the main point

■ 用件や伝言の受け方が適切にできる

　ビジネスの場ではどのような電話でも応対の基本は変わりません。「相手を待たせずコールは２回以内で」「きちんと改まって」「感じのよい話し方で」「適切な敬語を使って」が基本です。

　さらにクレーム(苦情)の電話では，「相手の身になって」ということです。クレームを言うのは誰でも気持ちのよいことではありません。それでも言わなければならない相手の状況を理解し，少しでも相手の気持ちに寄り添った対応をしようという意識で話をするということです。第Ⅲ領域(3)話し方（p.118～p.119)にも載せていますのでもう一度読み返してください。

2 用件や伝言の伝え方が適切にできる

　受けた伝言内容を正確に伝えるための注意として，「要領よく簡潔に伝える」「読むメモより見るメモを作成する」などがあります。ここでは，留守番電話に残す伝言内容について考えてみましょう。

事例研究②　用件や伝言の伝え方が適切にできる　　　case study

　Ｊショップ勤務の大城恵美は顧客Ａ氏宅の留守番電話に，注文の品を発送したことを録音しようとしている。次の枠内は，そのようになった経緯である。この場合の留守番電話に言う言葉を書きなさい。（録音時間は30秒以内）

A氏は，「入荷したら代金引換で送ってもらいたい。送ったことを電話で知らせてもらいたいが，留守のときは留守番電話にメッセージを残してくれるとありがたい」と言っていた。

　大城は今日あわてて発送した。昨日入荷していたのに，うっかりして送り忘れていたからである。配達は明日の午前中の予定。代金は送料込みで1万1千円である。

事例解説　instructions

　問題文にある枠内の内容は，お客さまから注文を受けたときの状況と，その後大城が対処したこと。そして品物に関する説明です。ここから留守番電話に残す内容を考えることになります。

考え方のポイント

1．第一段階（電話で伝えなければならないことを考える）

枠内の内容を整理してみると次のようになります。

（A氏の要望）・品物は代金引換で送付希望

　　　　　　　・送ったら連絡をもらいたい

（大城の対処）・昨日入荷した　→　今日発送した

（注文の品）　・明日の午前中着予定

　　　　　　　・代金は送料込みで1万1千円(代金引換)

以上から，お客さまに伝えることを整理すると，注文品の「発送日と到着予定日」「代金引換の金額」になります。

2．第二段階（留守番電話で意識することを考える）

　留守番電話は相手の応答がありませんので，一方的に話すことになります。応答がある場合は，伝え忘れたことがあっても相手が聞き返してくれますが，留守番電話に言葉を残す場合は抜けがないように注意が必要です。従って電話をかける前に，伝えなければならないことは何か，きちんと整理してからかけることが必要です。そのためには5W3Hに基づいた整理の仕方なども有効でしょう。

相手がいない電話でも感じのよさを意識して

以上を踏まえて解答するわけですが，ここで大切なことは，「感じのよいあいさつ」を忘れないことです。では解答例を見てみましょう。

「A様のお宅でしょうか。私，Jショップの大城と申します。いつもありがとうございます。ご注文の品が入荷いたしましたので，本日発送いたしました。お届けは明日の午前中の予定です。商品代金は送料込みで1万1千円です。代金引換ですので，よろしくお願いいたします」

いかがでしょうか。整理すると次のようになります。

①相手を確認して自分を名乗る。

②明るい声であいさつをする。

③用件を端的に伝える。

④最後のあいさつを忘れない。

要点整理 　　　　　　　　　　　　　　　　　　　　　the main point

用件や伝言の伝え方が適切にできる

用件や伝言を適切に伝えるために大切なことは，無駄のない言い方で分かりやすく伝えることです。

①伝えることを整理する。

5W3H（When：いつ，Where：どこで，Who：誰が，What：何を，Why：なぜ，How：どのように，How much：幾ら，How many：どのくらい）の要領で整理すると抜けがなく整理することができます。

②聞き取りにくい言葉や，似ている言葉，紛らわしい言葉には注意する。

　［数字の読み方の例］　4＝ヨン（シ×），7＝ナナ（シチ×）

　［聞き取りにくい人名の例］　石田⇔西田，須田⇔津田，浜田⇔花田，
　　　　　　　　　　　　　　　樋口⇔井口

　［同音語の言い換えの例］　私立（ワタクシリツ）／市立（イチリツ），
　　　　　　　　　　　　　　川（サンボンガワ）／河（サンズイのカワ），
　　　　　　　　　　　　　　科学（サイエンス）／化学（バケガク）など，
　　　　　　　　　　　　　　言い方を工夫しましょう。

3 電話の特性について，深い知識がある

　電話は見えない相手と話をするわけですから，互いの表情や態度など全ての様子が分かりません。が，話をしていると何となく様子が分かるような気がするのはなぜでしょうか。そのような点を考えながら次の問題に取り組んでみましょう。

事例研究③　電話の特性について，深い知識がある　　　case study

　浜口優也は新人の香川に，電話で話すときは相手から見られないからといって「姿勢や態度」をおろそかにしてはいけないと教えた。(1)おろそかにしてはいけないのはなぜか，理由を簡潔に答えなさい。(2)また，おろそかにしてはいけない「姿勢や態度」とは具体的にどのようなことか。箇条書きで三つ答えなさい。

事例解説　　　　　　　　　　　　　　　　　　instructions

考え方のポイント

１．第一段階（いいかげんな態度が話し方にどのように影響するか考える）

　感じのよい電話応対の方法として，「ありがとうございます」と言いながらお辞儀をすると印象がよくなる，ということをよく言われます。実際に試してみましょう。また逆の例で，「ご迷惑をお掛けして大変申し訳ございません」という言葉を，足を組んで椅子の背にもたれ掛かりながら話をしたときの声の響きを試してみてください。

２．第二段階（態度がなぜ話し方の印象に影響するのかを考える）

　「ありがとうございます」と，礼を言いながらお辞儀もできるのは，相手に礼を言いたい，感謝をしたいという気持ちがあるから，言葉だけでなく態度もできるのです。そのようなときは声の調子にも謙虚さが表れています。逆に，椅子の背にもたれ掛かったような不遜な態度で，「ご迷惑をお掛けして大変申し訳ございません」とわびても，声の調子は偉そうに聞こえるだけです。このように，話すときの表情や態度は連動していて，全て声の表情になって表れるのです。

　以上のことを意識しながら，解答例を見てみましょう。

（1） おろそかにした姿勢や態度の悪さは，声の調子に表れ相手に伝わってしまうから。

（2） ① 足を組んで話す。

② 机に肘を突いて話す。

③ 椅子の背にもたれ掛かって話す。

＊解答例の他に，「電話と関係ない仕事（他のこと）をしながら話す」などもよいだろう。

要点整理 the main point

■ 電話の特性について，深い知識がある

電話は相手の顔が見えない分，「聞くこと」に注意を傾けています。声から伝わってくる雰囲気に全神経を注いでいるわけですから，話すときの表情や態度はおのずと相手に伝わってしまうということです。十分注意して話すようにしましょう。

4 電話の取り扱いが適切にできる

電話にはいろいろな機能があり，それらを適切に使いこなすことは効率よく仕事をする上では重要なことです。次は，お客さま宅にメッセージを残す場合の対応例です。取り組んでみましょう。

事例研究④ 電話の取り扱いが適切にできる case study

次は大坂朋美が新人の望月に，顧客宅の留守番電話にメッセージを残すときの心掛けとして教えたことである。中から①不適当と思われるものを一つ選び，②その理由を簡単に答えなさい。

（1） 録音であっても，機械的ではなくお客さまに話し掛けるような調子で話すこと。

（2） 顧客の個人情報に関することは，家族などに聞こえないように声を潜めて話すこと。

（3） 折り返し電話をかけてもらうときには，こちらの電話番号と都合のよい時間を言うとよい。

(4)　留守番電話でも，最初と最後には「お世話になっております」「失礼いたします」などとあいさつすること。

(5)　録音時間内に用件を伝え切れなかったときは，すぐにかけ直して謝り，「続きですが」と言って続きを話すこと。

(6)　相手がいつメッセージを聞くか分からないから，日にちは「本日10日」とか「明日金曜日」のように言うとよい。

事例解説　instructions

考え方のポイント

１．第一段階（留守番電話の機能を理解する）

　留守番電話にメッセージを残すために意識しなければならないことは，「②用件や伝言の伝え方が適切にできる」で学びました。ここでは，電話の機能を理解しましょう。例えば，留守番電話の録音時間は一通話あたり何秒か，メッセージがある場合どのような知らせ方をするのかなどです。

２．第二段階（ビジネス電話に必要な機能を考える）

　仕事上頻繁に電話でやりとりをする業者や取引先などは，電話番号の登録だけでなく，短縮登録がされていればとても便利です。また，電話をかけてきた人の話をその場にいる人全員が聞きたいときは，スピーカー機能を利用して情報を共有するなど，どのような機能があるかを理解しておくことは，ビジネスの場には必要なことです。そのことを念頭に置いて解答を見てみましょう。

　①　(2)

　②　留守番電話のメッセージは，その家の人なら誰でも聞くことができる。従って，聞かれて不都合なことは，後で電話をもらうなどするのが無難であり，声を潜めて言えばよいというものではないから。

要点整理　the main point

電話の取り扱いが適切にできる

　電話の取り扱いについては，電話機能の理解だけではありません。ビジネス電話としてのマナーを意識しましょう。

・会社に初めて電話をしたとしても，必ず「いつもお世話になっております。」とあいさつをする。
・用件(話す内容)が終わったら，電話をかけた方が先に受話器を置く。
・途中で電話が切れてしまった場合は，かけた方から再度かけるようにする。
・社用の携帯電話を使用する場合は，社外秘情報の管理に気を付ける。
以外にもいろいろあります。大切なことは，常に相手に印象のよい電話応対をしようという意識を持って対応することです。

V

技　能

① 情　報
② 文　書
③ 会　議
④ 事務機器
⑤ 事務用品

kizuna

① 情報

① 情報活動が効率よくできる。
② 情報の整理が合理的にできる。
③ 情報の伝達が適切にできる。

1 情報活動が効率よくできる

　情報活動の要は，正確な情報を効率よく集めることです。そしてこのとき大切なことは，どのような 視 点 で収集するかということでしょう。
（ビジネスマインド）

　では，その事例を検討してみましょう。ビジネスマインドのケーススタディーです。

事例研究① 情報活動が効率よくできる　　　　　　　　case study

　営業部の吉田良介は，自社の商品Kと競合しそうな他社商品が新しく発売されたことを知った。そこで販売店を回り発売状況を調べて上司に報告することにした。このような場合どのようなことを調べればよいか。箇条書きで四つ答えなさい。

事例解説　　　　　　　　　　　　　　　　　　　instructions

■ 考え方のポイント

1 第一段階（販売状況を調べるための基礎データには，どのようなものがあるかを考える）

　さて，他社製品の販売状況を調べるためには，その商品がどのような形式で販売されているかを考えてみるとよいでしょう。例えば，販売価格は幾らになるかなどは，その調査対象の基本項目になるでしょう。では，検討してみましょう。

2 第二段階（調査の内容）

　まずは，やはり販売価格でしょう。そしてここから，調査項目を考えていきます。すると，この商品はどのような人たちが買っているのか，売れ行きはどんな動きをしているのか，セールスポイントはどこに置いている

のか，などが挙がってきますが，さて，どうでしょうか。

それではここで「調査項目」を，実際に書き表してみましょう。

販売状況を調べる

他社の動向調査は，マーケティング活動の基本です。それを，次の解答例から確認してください。

①**販売価格**
②**購買層**
③**売れ行きの状況**
④**セールスポイント**

解答例の他に，「商品の評判」などもよい。

＊解答は，「考え方のポイント」（第二段階）で示したような書き方でも構わない。が，簡潔にまとめると解答例のようになる。

要点整理　　the main point

情報活動が効率よくできる

マーケティング活動の要

競合他社の販売状況の調査はとても重要です。これによって，今後の販売戦略を立て直す必要も出てくる可能性があるからです。

そしてこのとき大切なこと。それは，必要に応じて実地調査をするということです。現場に行かなければ実感できないことも多々あるからです。そして出題の意図もここにあります。

なお，インターネットからの情報収集もあるだろうが，そのデータの信憑性を確認するためにも実地調査は重要でしょう。基礎データは正確にということです。（『ガイド2』 p.184）

＊他社の販売状況の調査から，自社新商品の開発へとつながることもある。

†そのためにも，正確な基礎データを報告するということである。

検定問題では，事例研究①に見られるように，「情報活動」全般が出題
されていますが，ここでは，次の事例を検討してみましょう。事例研究①
の類問です。

▼「コンビニエンスストアをオープンするための条件」

> フランチャイズ事業部の立花義明は新人の伊東から，「研修でコン
> ビニエンスストアをオープンするには立地条件の調査が最も重要だと
> 聞いたが，どのようなことを調べるのか」と尋ねられた。このような
> 場合立花は，伊東にどのようなことを言えばよいか。箇条書きで三つ
> 答えなさい。

●考え方のポイント

コンビニエンスストアに限りませんが，その目的は大勢のお客さまに
来てもらうことでしょう。そう，商売を繁盛させるために。

すると，複数ある店舗物件の中から，より好条件のものを選んでいく
ことになるでしょう。

●条件のよい店舗選び

では，以下に解答例を挙げておきます。これが，店舗選びのよりどこ
ろとなる具体的な条件です。

◆候補地に面した道路の交通量

◆周辺の人通りの様子

◆周辺の同業他店との距離や数

> ＊解答例の他に，「周辺の，大きなマンション，学校，娯楽施設などの有
> 無」「周辺の人口密度」「用地の面積，価格」などもよい。

■ 確認事項

① 『ガイド３』の「事例研究①」と「事例解説」「要点整理」などから，
情報とは何か，を再確認しておいてください。１級記述対策の出発点で
す。

> ＊ここでは，「情報とは何か」の他に，「情報収集とビジネス実務マナー」
> 「情報伝達と信頼関係」も解説している。ともに，重要なテーマである。

②『ガイド２』の「事例研究①」と「事例解説」から，情報活動の基本を
　確認してください。
③『ガイド２』の「要点整理」＜情報活動ができる＞から，①情報活動
　とビジネス実務マナー，②情報活動の基本，③情報は謙虚に聞く，④肝
　心な情報を見落とさない，を確認してください。
④『ガイド２』の「要点整理」＜出題の視点＞から，営業課や販売課，人
　事課などの情報活動の事例を確認しておいてください。

2 情報の整理が合理的にできる

　言うまでもなく，CDやICカードなどにデータ等を記録（整理）すると，情報の保管スペースが極端に少なくて済みます。事務管理の合理化です。^{ハードウェア}

　でも，情報の整理はこれだけではありません。例えば，キャンペーンセールの企画書を作成するとき，文書に入れる情報はどのように整理していくでしょうか。まずは，項目を立てそれに従って文書化していくはずです。

　次はその企画書作成の事例です。検討してみましょう。^{ソフトウェア}

事例研究② 情報の整理が合理的にできる　　　　　case study

　家電量販店勤務の清水武彦は係長から，冬に向けて暖房機器のキャンペーンセールの企画を出すことになった。このような場合，企画書に入れる項目を箇条書きで四つ答えなさい。

事例解説　　　　　　　　　　　　　　　　　　instructions

■ 考え方のポイント

1第一段階（キャンペーンセールの企画書はどうあるべきかを考える）

　キャンペーンセール最大の目的は，売り上げの増大を図ることにあります。従って，その目的を達成するためには，どのような情報を合理的に項目として立てていくかが重要となります。

　　　　　　＊合理的とは，無駄なく能率的であるということ。

2第二段階（企画書の項目）

　では，キャンペーンセール企画書の項目にはどのようなものがあるでしょうか。検討してみましょう。

　まずは，何といっても売上目標の設定でしょう。これがないところにビジネス活動はあり得ないからです。そしてこの売上目標を達成するために，キャンペーンの方法やセールの実施の期間を提案していく必要もあるでしょう。

　また，家電量販店ですから，家電メーカーに協賛を募集することも売り

158

上げの拡大には欠かせない要素でしょう。

いかがでしょうか。このようなことがイメージできたでしょうか。

さて、それではここで「企画書に入れる項目」を、実際に書き表してみましょう。

■ キャンペーンセールの企画書

企画書を作成する際は、テーマに沿った項目が重要です。それを、次の解答例から確認してください。

①**売上目標**
②**キャンペーンの方法**
③**セールの実施期間**
④**募集する協賛メーカー**

解答例の他に、「重点販売機器」「キャンペーンのキャッチフレーズ」「要員の人数」「必要な経費（予算）」などもよい。

> ＊解答は、「考え方のポイント」（第二段階）で示したような書き方でも構わない。が、簡潔にまとめると解答例のようになる。

要点整理 the main point

■ 情報の整理が合理的にできる

適切な情報伝達には、適切な情報の整理が必要

「この企画書は、読んでいてどうも分かりにくい。整理して再提出しなさい」。

このようなことを、上司から言われたことはないでしょうか。

そうなんです。いざ、集めた情報をまとめようとして企画書の作成に取り掛かるのですが、「どうもうまく整理できない。時間もない。やむを得ない。取りあえず、これで提出しておこう」。

だが、先ほどの上司の「再提出」のシビアな言葉。われながら「情けない」と思う。文書の作成は、ビジネスマンにとって大きな悩みの一つなのです。

ではどうするか。企画書や報告書などの作成で大切なことは，集めた情報を整理し，項目立てをすることです。これによって，伝えたい内容がすぐに分かります。

　ビジネス文書では，この項目を立てることが文書作成の第一歩です。重要なのです。「情報の整理が合理的にできる」ということは。出題の意図もここにあります。

> ＊項目を立てることができるということは，書くべき必要事項をきちんと理解しているということにつながる。

■ 出題の視点

　検定問題では，事例研究②に見られるように，「合理的な整理の仕方」を中心に出題されています。このことを押さえておけば，記述問題には十分に対応できるでしょう。

■ 確認事項

① 『ガイド3』の「事例研究②」と「事例解説」「要点整理」などから，情報整理の基礎知識を再確認しておいてください。1級記述対策の出発点です。

② 『ガイド2』の「事例研究②」と「事例解説」から，情報の取り扱いについて，その基本を確認してください。

③ 『ガイド2』の「要点整理」＜情報の整理ができる＞ から，①情報の整理で最も重要なこと，②明日の仕事につながる情報の整理，を確認してください。

④ 『ガイド2』の「要点整理」＜出題の視点＞ から，①パソコンで作成した文書の整理の仕方，②顧客台帳に設ける項目（自動車販売店の場合），のケースを確認しておいてください。

⑤ 『ガイド2』のコラム「情報の整理」を再読してください。「わたしは極端に物覚えが悪い」と嘆いているモンテーニュの言葉などを紹介しています。

3 情報の伝達が適切にできる

　言うまでもないことですが，情報収集も情報の整理も，そして情報伝達も，それ自体が目的ではありません。その先にある，顧客に満足してもらい，事業貢献ができる。これが目指すべき情報活動の第一義です。

　そんな一例を，次の事例から検討してみましょう。

事例研究③　情報の伝達が適切にできる　　　　　**case study**

　調査課の大関可南子の主な仕事は，市場調査や新聞・雑誌，インターネットなどからの情報収集とその整理である。そんなある日，課長から「情報の収集と整理も大切な仕事だが，今後は，情報の伝達も適切にできる調査スタッフになってほしい。だが，そのためには，情報伝達の目的（意義）をきちんと理解しておくことが必要だ」と言われた。このような場合，「伝達の目的（意義）をきちんと理解する」とは，どのように考えればよいか。箇条書きで二つ答えなさい。

事例解説　　　　　　　　　　　　　　　　　**instructions**

考え方のポイント

1 第一段階（「情報活動」とは何かを具体的にイメージする）

　言うまでもなく情報とは，**仕事に役立つもの（ハイクオリティー）**でなければならない。そしてその情報には，顧客のニーズや苦情，問題解決の手掛かり（ヒント），社会の動向などさまざまなものがある。これを集めて合理的に整理し，その情報を必要としているセクションに伝達する。これが**情報活動の一連のフロー**になるだろう。

　まずは，このように考えてみたらどうでしょうか。**情報活動全体のイメージ化**です。

　　　　＊情報の収集，整理，伝達はそれぞれリンクしているということ。

2 第二段階（「情報伝達」の目的はどこにあるかを考える）

　するとここから，「伝達の目的（意義）」が導き出されてきます。検討してみましょう。

例えば，情報は伝達（発信）しなければ意味がない。そのために情報は一人で抱え込むのではなく，皆で共有（シェア）していかなければならない。共有することによって，今現在，問題（課題）となっていることに対し意識の結集を図ることもできる。そして問題解決を図ることができれば，顧客へのサービスの向上，事業への貢献も果たすことができる。

いかがでしょうか。このように考えを進めてくると，伝達することの意義がクローズアップしてくると思います。

> ＊現在抱えている課題（問題点）には，「これからの営業の仕方，顧客とのコミュニケーションの在り方」（『ガイド2』p.196）など，数多くあるだろう。

さて，それではここで「情報伝達の目的（意義）」を，実際に書き表してみましょう。

情報伝達の目的

情報の収集と整理，そして情報伝達をリンクして考えていくと，以下の解答例が導き出されてきます。確認してください。

①情報は皆で共有してこそ価値がある。
②従って伝達の目的は，情報の共有化と問題解決を図るためにある。

このような考え方に基づいて情報活動を行う。そして，ここからが**本当の仕事**になるというわけです。そう，大関可南子のビジネスパーソンとしての仕事が。

> ＊解答は，「考え方のポイント」（第二段階）で示したような書き方でも構わない。が，簡潔にまとめると解答例のようになる。

要点整理　　　　　　　　　　　　　　　　　　　　the main point

情報の伝達が適切にできる

顧客の満足度を高めることが事業貢献になる

情報は伝達し，問題解決を図ってこそ価値があります。ビジネスパーソンが「**最終的に知りたいのは、『現在抱えている問題を解決する方法』**、つ

まり『ソリューション』」（野口悠紀雄著『超「超」整理法』講談社）にあるからです。これはすでに『ガイド2』（p.196）で解説した通りです。

　ビジネスソリューション，その要が情報伝達にあるというわけでしょう。顧客の満足度を高め，事業貢献を果たしていく。これが**ビジネスパーソンの使命**です。出題の意図もここにあります。

> ＊パソコンに情報を入れている場合でも，他からいつでもアクセスできるようにしておくことも重要だ。これも情報伝達の一つだからだ。オープンソースである。

>> †オープンソースとは，「私たちに何ごとかを教える可能性のある情報は，無条件かつ全面的にアクセス可能でなければならない」（内田樹著『寝ながら学べる構造主義』（文春新書）とする考え方である。

出題の視点

　検定問題では，事例研究③に見られるように，「情報伝達」を中心に出題されています。このことを押さえておけば，記述問題には十分に対応できるでしょう。

確認事項

① 『ガイド3』の「事例研究③」と「事例解説」「要点整理」などから，**情報伝達の基礎知識**を再確認しておいてください。これも1級記述対策の出発点です。

② 『ガイド2』の「事例研究③」と「事例解説」から，情報の伝達について，確認しておいてください。

③ 『ガイド2』の「要点整理」＜情報の伝達ができる＞から，**伝達の目的は情報の共有化と知恵の創造にある**，を確認してください。「Wisdom of Crowds（衆人の智恵）」（勝間和代著『効率が10倍アップする新・知的生産術』ダイヤモンド社）という考え方を紹介しています。

②文書

① 一般的な文書が効率よく作成できる。
② 文書全般について，取り扱いが適切にできる。

1 一般的な文書が効率よく作成できる

　ビジネス文書を効率よく作成するための基本。それは，形式に従い，慣用語句を適切に用いて書き表していくことです。もちろん，丁寧さを表す敬語の使い方も重要です。

　では，次の事例から「お中元への礼状」を作成してみましょう。

事例研究① 一般的な文書が効率よく作成できる　　case study

次の内容に従って，体裁の整った礼状を横書きで書きなさい。

[内容]

　夏も暑い盛りだが，ますますお元気なことと喜んでいます。

　ところで，今回は，とても素晴らしいお中元を贈ってもらい，本当にありがたく心から礼を言います。早速，皆で食べさせてもらいました。

　なお，こういう時季なので，くれぐれも健康に注意するよう，祈ります。

　まずは，手紙で礼を言います。

事例解説　　instructions

考え方のポイント

1 第一段階（言葉遣いを検討[チェック]する）

　ここでの課題は，体裁の整った礼状の作成です。そこでまず，手紙の形式に従った適切な言葉遣いに直していきます。では実際に［内容］の文に従って書き直してみましょう。

　　　　　　＊訂正したい箇所に取り消し線を引き，その上に適切な言葉を書き入れていくとよい。

　　　　　　＊適切な言葉遣いとは，慣用語や手紙用語を適切に使うということである。

書き直しの例

[内容]

　盛夏の候　　　　　　　　　ご清祥（ご健勝）のこととお喜び申し上げます

　夏も暑い盛りだが，ますますお元気なことと喜んでいます。

　さて，このたびは　大変結構な　　　　　　　ご恵贈賜り　　誠に

　ところで，今回は，とても素晴らしいお中元を贈ってもらい，本当にありがたく

厚く御礼申し上げます　　　一同で賞味させていただきました

　心から礼を言います。早速，皆で食べさせてもらいました。

　　　時節柄　　　　　　　　　ご自愛のほど，祈念いたします

　なお，こういう時季なので，くれぐれも健康に注意するよう，祈ります。

　　　書中をもって御礼申し上げます

　まずは，手紙で礼を言います。

いかがでしょうか。これで第一段階の作業は終了です。

2 第二段階（体裁を整える）

さてここで，第一段階で示した「書き直しの例」を，もう一度見てください。どうでしょうか。これだけでは，体裁の整った礼状にはなりません。不十分なのです。なぜでしょうか。そうです。頭語と結語が入っていないからです。

ではここで，「書き直しの例」に，頭語と結語を加えて，全体を書き直してみてください。

中元への礼状

体裁の整った礼状は，次の解答例のようになります。確認してください。

拝啓　盛夏の候，ますますご清祥（ご健勝）のこととお喜び申し上げます。

　さて，このたびは，大変結構なお中元をご恵贈賜り，誠にありがたく，厚く御礼申し上げます。早速，一同で賞味させていただきました。

　なお，時節柄，くれぐれもご自愛のほど，祈念いたします。

　まずは，書中をもって御礼申し上げます。　　　　　　　　敬具

* 「拝啓」の後は，一文字必ず空けること。かつて「拝啓」の後は改行していた。その簡略化として，現在一文字空けた形式を取っている。ここには，「形式（伝統）に従いきちんと改行しています」という心がある。
* 「厚く御礼申し上げます」は「心より御礼申し上げます」でもよい。
* 「一同」は，手紙でよく使われる慣用語。「社員一同」などと使う。
* 「祈念いたします」は，「お祈りいたします」でもよい。

　解答例は以上の通りだが，『ガイド2』の記述問題（p.230）に「お歳暮への礼状」の文例がある。別バージョンである。

■ 一般的な文書が効率よく作成できる

1 体裁を整えるということ

　文書の形式に従い，手紙用語や慣用語を用いて，独特の文体で書き表していく。これがビジネス文書を効率よく作成するための，そして体裁を整えるための要です。

　でもなぜ，慣用語を多く使うのでしょうか。読み手にとって不快な思いをさせるような言葉遣いにならないように，注意深く言葉を選んだ結果なのです。これを三島由紀夫は**「紋切り型の表現の成果」**（**『文章読本』中公文庫**）であると言っています。その意味で，今使われている慣用語は，洗練された知恵の結晶であるともいえるでしょう。出題の意図もここにあります。

> ＊三島由紀夫については，『ガイド2』（p.199）で詳しく紹介している。大蔵省（現財務省）時代の話である。

2 文は人柄なり

　「これからの時代、一番頼りになる人間的資質は『人柄の良さ』です」（内田樹，岡田斗司夫　ＦＲＥＥex著『評価と贈与の経済学』徳間ポケット）。

　そういえば，**文は人なり**という言葉がありますが，読み手に不快な思いをさせずに書き表すことができれば，これはもう，**文は人柄なり**ということになるでしょう。

166

　人柄のよさが表れた文書が作成できる。これが私たちの目指すべきヒューマンスキルです。その第一歩が，手紙の形式に従った適切な言葉遣いと独特な文体を身に付けること。そして，このスキルを自家薬籠中の物_{もの}にすれば，あなたならではの人柄のよさを表す文書が出来上がるでしょう。

　　　　＊「『あの人たちの会社だから、いいよなぁ』という見方をされて好感を
　　　　持たれることが、経営そのものの重要な要素になっていく時代が、ほん
　　　　とうにくるように思うのです」（糸井重里著『インターネット的』ＰＨ
　　　　Ｐ新書）。だからこそ、メールや文書もおろそかにできないのだ。人柄
　　　　のよさが伝わる文書作成能力が求められているゆえんである。

出題の視点

　検定問題では，事例研究①に見られるように，「慣用語」や「手紙用語」を中心に出題されています。このことを押さえておけば，記述問題には十分に対応できるでしょう。

　　　　＊「ご了察，ご賢察，ご考察」（ともに「察してください」という意味）
　　　　なども慣用語として出題されている。

確認事項

①『ガイド３』の「事例研究①」と「事例解説」「要点整理」などから，文書作成についての初歩的知識とメール作成の基本を再確認しておいてください。

②『ガイド２』の「事例研究①」と「事例解説」から，文書作成の基本を確認しておいてください。文書の形式（書式）にかなった言葉遣い（手紙用語）の事例です。

③『ガイド２』の「要点整理」＜基本的な文書が作成できる＞から，①文書作成の基本，②時候の挨拶，③その他の慣用語，④自他の呼び方，を確認してください。１級記述問題の出発点になる事例です。

④『ガイド２』の「要点整理」＜出題の視点＞から，同音異義語を確認してください。そしてここから，言葉遣いに対する敏感な意識（センス）を養ってください。

儀礼的な文書

役員交代の挨拶状など，格式を重んじた文書は縦書きで作成します。次はその事例です。参考にしてください。

拝啓　新緑の候、ますますご清祥のこととお喜び申し上げます。

さて私、このたび神戸支店長を命じられ、このほど着任いたしました。

もとより微力ではございますが、専心業務に精励いたしたいと存じます。何とぞ前任者同様、皆様方のご指導ご鞭撻を賜りますよう、切にお願い申し上げます。

まずは、略儀ながら書中をもってご挨拶申し上げます。

敬具

2 文書全般について，取り扱いが適切にできる

文書全般の取り扱いが適切にできるということは，それぞれの文書の名称とその意味を知っているということです。

次はその事例です。検討してみましょう。

次の文書の名称を答えなさい。

(1)　不明な点を問い合わせて確かめるための文書。

(2)　その人に，任せたということを証明するための文書。

(3)　後日の証拠として，念のために書いて相手に渡す文書。

(4)　過失をわびるために，事実を書いて上司に差し出す文書。

(5)　担当者が案件を関係者に回して，承認を得るための文書。

考え方のポイント

文書の意味から名称をイメージする

『ガイド3』（p.236）と『ガイド2』（p.207）を理解していれば確実にできる問題ですが，ここでは，『ガイド』を参照せずに，選択肢の説明からそれぞれの文書の名称をイメージしてみましょう。学んだ知識の確認です。

（1）「問い合わせる」は照会ともいうから，これはそのまま照会状でよいか。

（2）「その人に任せる」のは委任とか委託とかいう。でもここは任せるのだから委任状になるだろう。

（3）「証拠として，念のために書く」のだから，これはそのまま念書でよいだろう。

（4）「過失」とは自分の不注意で起こしてしまった過ち。これを始めから終り（末）まで事細かく書いて上司に提出するのだから，ここはわび状ではなく始末書になるだろう。

（5）「案件」とは提案したいこと。そしてこれを文書にまとめて上司に提出するものだから，立案書とか起案書などでどうだろう。提案することを立てたり起こしたりする文書という意味だ。また，この案件は上司の決裁をもらわなければならないのだから決裁書や上司に伺いを立てるという意味で伺い書もよいかもしれない。

いかがでしょうか。このようなことがイメージできれば十分です。

ではここで，「文書の名称」を整理してみましょう。

文書の名称

文書の名称は，次の解答例のようになります。『ガイド』とともに再確認してください。

（1）　照会状
（2）　委任状
（3）　念書
（4）　始末書
（5）　立案書，起案書，決裁書，伺い書，稟議書（りんぎしょ）

要点整理　　　　　　　　　　　　　　　　　the main point

文書全般について，取り扱いが適切にできる

1 文書の名称とその意味を確実に理解する

文書全般について，取り扱いを適切に行うための基本。それは，文書の名称とその意味（役割）を確実に理解しておくことです。

例えば「稟議書」という文書。

稟議とは，**「係の者が案を作成して関係者に回し，承認を求めること」**（『デジタル大辞泉』）。また，稟は，**「事を上に申し上げる」**（『角川漢和中辞典』）という意味です。

そうなのです。稟議書は，担当者（下）が立案したものを，関係者（上）に回して決裁を得るわけですから，その取り扱いも一つの落ち度もないように丁寧にしていかなければならないでしょう。何せ，上から決裁を得なければ，その後の仕事に支障を来してしまうことにもなりかねない

170

からです。出題の意図もここにあります。

　でもなぜ，このような仕組みになっているのでしょうか。ビジネス社会
では，担当部課（下）からの提案などを経営者（上）が決裁するという形
で経営が行われているからです（稟議制度）。そして制度ですから，この
仕組み（上下関係）に従った取り扱いをしていかなければならないという
わけです。

> ＊承認を得た後の稟議書は，社内規定により総務部が保管することにな
> る。従って，総務課員もその取り扱い（保管・管理）には慎重でなけれ
> ばならない。

　なお，いうまでもないことですが，「忙しいから事後承諾で」などと
言って勝手に事を進めてはいけません。重大な規定違反です。それこそ始
末書ものです。

　では，ここで稟議書と始末書の文例を，参考までに紹介しておきましょ
う。

稟議書（本文）

```
　　　　　　販売店懇親会実施について（稟議）
　城北地区の販売特約店との懇親会を，下記の通り実施してよいか，
お伺いいたします。
　　　　　　　　　　　　　　記
　1 目的　販売特約店との親睦を深め，販売促進に結び付ける
　2 日時　令和○年3月3日（水）
　　　　　　同地区における販促会議終了後（18時〜20時30分）
　3 場所　割烹 三条
　4 人数　12名（特約店主10名，当社営業部員2名）
　5 経費　（1）　飲食費として25万円
　　　　　（2）　手土産として10万円
　　　　　　計　35万円　　　　　　　　　　　　　　　　　以上
```

> ＊「実施してよいか，お伺いいたします」は，「実施いたしたく，お伺い
> 申し上げます」でもよい。

始末書（本文）

> ### 始末書
>
> 　令和○年６月７日，シネマ商事株式会社仕入課長の木村英二氏から，納品した製品にサンプル品が大量に混入していたとの抗議を受けました。同社では，サンプル品の混入に気付かずに出荷し，小売店から抗議を受けたとのことです。これにより，当社の信用を著しく傷つけ，同社には多大の迷惑を掛けてしまいました。
>
> 　今回の過失は，私の初歩的な確認作業を怠ったことによるものと深く反省し，今後二度とこのようなことのないよう注意して，業務に精励いたすことをここに誓います。　　　　　　　　　　以上

　　＊提出した始末書は，人事部で管理することになる。個人情報でもあるので，人事部はその取り扱いには十分な注意が必要だ。

　　＊トラブルを起こし，会社に多大な迷惑を掛けたときは，速やかに始末書を提出すること。これが始末書の取り扱いで一番大切なこと。

２その他の文書の取り扱い部署

　委任状と念書は法律に関わることなので，最終的な管理は総務部になります。重要書類として取り扱います。

　また，照会状はその内容にもよりますが，一般的には発信したその部署の取り扱い（保管・管理）になるでしょう。ただし，重要度の高い照会状の場合は総務部と共有で保管することになります。

出題の視点

　検定問題では，事例研究②に見られるように，文書の名称とその意味を中心に出題されていますが，ここでは，次の事例を検討してみましょう。格式を重んじた挨拶状の取り扱いです。

▼「新社長就任の挨拶状」

　総務課の香川由佳子は，「新社長就任の挨拶状」を作成することになった。このような場合，格式を重んじた挨拶状にするには，どのような印刷物にするのがよいか。一般的な社外文書との違いを箇条書きで三つ答えなさい。

●考え方のポイント

　取引先などから，洋封筒に入った挨拶状をもらったことはないでしょうか。格式を重んじ，丁寧に出された手紙です。そういえば，厚めのカード用紙に印刷されていたな」など，思い出すこともあるのではないでしょうか。

●格式を重んじた挨拶状

　では，以下に解答例を四つ挙げておきます。これが，格式（礼儀）を重んじた丁寧な挨拶状です。

◆縦書きにする。

　　　＊日本語は伝統的に縦書きであるからである。

◆句読点を付けないことが多い。

　　　＊かつては毛筆で手紙を書いていた。もちろん，句読点はない。その時代の伝統（形式）に従っているわけである。

◆角丸のカード用紙を使用する。

　　　＊やや厚みのあるカードにすることによって，丁重さを表している。

　　　＊カードは，単カードと二つ折りカードとがある。

◆印刷文字は，毛筆書体にすることが多い。

確認事項

① 『ガイド３』の「事例研究②」と「事例解説」「要点整理」などから，文書の取り扱いについての基礎知識を再確認しておいてください。

② 『ガイド２』の「事例研究②」と「事例解説」から，一般的な文書の取り扱いを確認しておいてください。

③ 『ガイド２』の「要点整理」＜一般的な文書の取り扱いできる＞から，①文書の取り扱いは慎重にする，②その他の文書（誓約書や委任状，始末書など），を確認してください。

④ 『ガイド２』の「要点整理」＜出題の視点＞から，①郵便物，②宅配便，③電子メール，④前任のＳ営業所長宛ての文書，を確認してください。

⑤ 『ガイド２』のコラム「手紙を受け取り読んでみたら」を再読してください。茨木のり子さんの詩を紹介しています。

③ 会議

① 会議について，深い知識がある。
② 会議の運営が一応，できる。

1 会議について，深い知識がある

　会議の席で難しいこと。それは反対意見を言う場合でしょう。

　ではこのようなとき，どのようなことに注意したらよいでしょうか。次の事例から検討してみましょう。

事例研究① 会議について，深い知識がある　　　　case study

　購買課の小森信也は後輩の西田から，会議で前に発言した人と反対の意見を言うときは，どのようなことに注意して言えばよいかと尋ねられた。このような場合小森は，西田にどのようなことを教えればよいか。箇条書きで三つ答えなさい。

事例解説　　　　　　　　　　　　　　　　　　instructions

考え方のポイント

1 第一段階（「反対意見」を言われたときの心の動きを考える）

　反対意見を言われて，「言っていることは，その通りだろうが，どうも気持ちが納得できない」。

　このようなことを，心の内に感じたことはないでしょうか。そう，理屈では納得しているのですが，感情が拒否反応を示しているのです。

　でも，なぜ人は拒否反応を起こすのでしょうか。いろいろあるでしょう。が，ここは相手の物の言い方や態度などに引っ掛かるところがあるからではないか，などと考えを進めてみたらどうでしょうか。これが相手のプライドをいたく傷つけることもあるでしょうから。

2 第二段階（「反対意見」を言うときの心構えを考える）

　では，相手の心を傷つける物の言い方や態度には，どのようなケースがあるのか，具体的に考えてみましょう。例えば，相手の意見をはなから否

174

定する言い方で，相手の意見を聞かない，そして尊重もしない。しかもそれが感情的で攻撃的な言い方になって，自分の意見を断定的に声高に主張する。

このようなことでどうでしょうか。

さて，それではここで「反対意見を言うときの注意点」を整理し，実際に書き表してみましょう。

反対意見を述べるときの注意点

反対意見を言うときの注意点は，以下の解答例のようになります。その大前提は，相手の考え方，立場への配慮です。確認してください。

①相手の意見を頭から否定するような言い方はせず，相手の意見を尊重しつつ自分の意見を主張すること。

②感情的にならないこと。相手を攻撃するようなことは言わないこと。また，相手の人格に触れるようなことは言わないこと。

③意見は断定的な言い方にならないようにすること。

解答例の他に，「なるべく具体的な事例，データなどを基に言うようにする」などもよい。

＊解答は，「考え方のポイント」（第二段階）で示したような書き方でも構わない。が，簡潔にまとめると解答例のようになる。

要点整理　the main point

会議について，深い知識がある

会議の目的

意見を出し合い，よりよい結論を導き出していこうとするのが会議ですから，出ている意見に反対の意見が出るのは致し方のないことです。でもこのとき大切なことは，反対する人が冷静でなくてはならないことでしょう。

もちろん冷静（インテリジェント）であるためには，自分の感情をコントロールでき，相手の考えや立場，価値観を尊重できる心配りの人でなければならないでしょう。

そしてこれを実践できる人。このような人が「会議について，深い知識がある」ビジネスパーソンです。出題の意図もここにあります。

> ＊『ガイド3』（p.90）と『ガイド2』（p.88）の「人間関係」が参考になる。

> ＊違う意見に出会ったとき，「そういう見方・考え方もあるのか」と思うのも，深い知識があるからこそできること。自分とは違う意見を聞くということは，新たな発見でもあるからだ。本書（p.42）で紹介した「Yes, and…」である。

>> †長谷川龍生さんの『詩集 直感の抱擁』（思潮社）の中に，「ちがう人間ですよ」というタイトルの詩がある。その一節が，「ぼくがあなたと／親しく話をしているとき／ぼく自身は あなた自身と／まったく ちがう人間ですよと／始めから終りまで／主張しているのです」というものである。そう，人はそれぞれ違うんです。まずはこの当たり前のことを心の底から実感すること。そしてこれがコミュニケーションを図る第一歩。

■ 出題の視点

　検定問題では，事例研究①の他，会議に関する用語も出題されています。次に，その一覧を挙げておきますので，１級対策としてください。

答申	上位者の問いに対して意見を申し述べること。
動議	会議中に予定以外の議題を提出すること。また，その議題。
否決	議案の不賛成または不承認が合議により決定すること。
諮問	上位の機関が専門的なことを下位の機関に尋ねること。
定足数	会議の成立に必要な最小限の出席者数のこと。
白紙委任状	委任先や委任事項の書かれていない委任状のこと。
キャスチングボート	会議で賛否同数の場合に議長の持つ決定権のこと。（どちらになるか決まらないときに，それを決定することになる力）

確認事項

① 『ガイド３』の「事例研究①」と「事例解説」「要点整理」などから，
会議の基礎知識を再確認しておいてください。

　　　＊「会議の目的を理解する」「会議で一番大切にしたいこと」なども解説
　　　している。ともに，１級記述対策の基本となるものである。

② 『ガイド２』の「事例研究①」と「事例解説」から，会議の一般的な知
識を確認してください。

③ 『ガイド２』の「要点整理」＜会議について，一般的な知識がある＞
から，会議の場でのマナーを確認してください。

④ 『ガイド２』の「要点整理」＜出題の視点＞から，①会議の出席に関
して心掛けていること，②議事録を作成する際の記載事項，を確認して
おいてください。

2 会議の運営が一応，できる

　会議を効率よく進めようと思っても，なかなかうまくいかないことがあります。

　でも，それはなぜでしょうか。次の事例から考えてみましょう。営業会議でのケーススタディーです。

事例研究②　会議の運営が一応，できる　　　　　　　　case study

　営業部の河合淳司は，営業会議の進行役を担当することになった。会議には得意先を回る外勤社員も出席するため，その内容は顧客の話題や情報交換になってしまい，うまくまとまらないばかりか，用意された議題を消化しきれないこともある。このような会議をうまく進め，まとめるためには，どのようにすればよいか。簡条書きで三つ書きなさい。

事例解説　　　　　　　　　　　　　　　　　　　instructions

■ 考え方のポイント

1 第一段階（「なぜ，他の話題になってしまうのか」を考える）

　ここでのテーマは，会議をうまく進め，まとめていくためにはどうしたらよいか，ということです。

　どうすればよいでしょうか。考えてみましょう。

　会議には議題があります。そして進行役は，この議題に沿って問題解決を図り，決めるべきことは決めていかなければならない重要な役割（ミッション）があります。この役割に沿って，まず今回の会議の議題と，その議題を提案する理由をきちんと話していくのが進行役に課せられた仕事になるでしょう。

　まずは，このことを前提に考えてみたらどうでしょうか。会議を効率よく進めていくための枠組み（アウトライン）の提示です。

　　　　　＊会議を始めるに当たって，このことを話しておかないと，ケースにあるように，情報交換に終始してしまうことになる。何せ，営業スタッフにとって顧客情報は大切な話題でもあるからだ。

2 第二段階（「会議の進め方」を考える）

　でも，初めに議題と，その議題を提案した理由を伝えたからといって，

これでうまくいくとは限りません。それぞれの議題について，会議の進め方を説明して確認する必要があるからです。その会議の進め方の説明にはいろいろあるでしょうが，例えば，発言は手短にしてもらう，発言が議題からそれないように注意してもらう，などはどうでしょうか。

そして，一つの議題にあまり時間をかけないように注意することも重要ではないでしょうか。議題を消化しきれないことも起こり得るからです。

さて，このようなことをイメージできたでしょうか。

それではここで「会議を効率的に進めるための方法」を，実際に書き表してみましょう。

会議を効率的に進めるためのスキル

以下の解答例が，会議をうまく進め，まとめていくためのスキルです。確認してください。
①最初に議題と，その議題の提案理由を説明する。
②各議題について，会議の進め方を説明し確認をする。
③議題の時間配分に注意する。

解答例の他に，「確認した会議の進め方に沿って進行し，発言が議題からそれた場合は戻してもらう」「発言の長い人には，途中で『手短にお願いします』などと注意する」「分かりにくい意見は要約して確認する」「最後に決まったことと，決まらなかったことの確認をする」などもよい。

> ＊解答は，「考え方のポイント」（第二段階）で示したような書き方でも構わない。が，簡潔にまとめると解答例のようになる。
> ＊『ガイド２』（p.217）が，この事例の基本になっている。

要点整理　the main point

会議の運営が一応，できる

会議の運営とヒューマンスキル
言うまでもなく，会議の運営を効率よく進めていくためには，「最初に

議題と，その議題の提案理由を説明し，各議題について，会議の進め方を説明し確認すること。そして会議の時間配分に注意すること」などは，とても大切なスキルです。

　と同時に，説明するとき，注意するとき，そして確認するとき，参加者の立場を配慮した丁寧で謙虚ある対応が大切になってくるでしょう。**ヒューマンスキル**です。出題の意図もここにあります。その意味で，**会議の進行役（ファシリテーター）に必要な資質は，人柄のよさ**にあるのかもしれません。これによって，会議がいい雰囲気で進行していくからです。もっと注目してもよい資質（ヒューマンスキル）でしょう。

> ＊会議はフラットな関係で，そしてゆとりある雰囲気で進めていくのが理想である。そして，このことを実践できるのは，誠実な人柄のファシリテーター（『ガイド2』p.220）だ。
>
> ＊また，ファシリテーターは「誰かが個人攻撃を受けたら、その人を守る」（マイケル・ドイル，デイヴィッド・ストラウス著／斎藤聖美訳『会議が絶対うまくいく法』日本経済新聞社）ことも重要な役割の一つである。
>
> ＊進行役は，ときに毅然とした態度で臨むことだってある（『ガイド2』p.218）。でも，人柄のよさがあれば，特に反発を買うこともないだろう。

出題の視点

　検定問題では，事例研究②に見られるように，会議の運営全般が出題されています。このことと，『ガイド2』の「会議の運営について，基礎的な知識がある」（p.217）を押さえておけば，記述問題には十分に対応できるでしょう。

確認事項

① 『ガイド2』の「事例研究②」と「事例解説」から，会議の進行について確認しておいてください。進行役の基本心得です。
② 『ガイド2』の「要点整理」＜会議の運営について，基礎的な知識がある＞から，議長の役割と責任について確認してください。
③ 『ガイド2』の「要点整理」＜出題の視点＞から，①会議の開始，②会議中の発言に対して，③会議の終了時，を確認してください。議事を

スムーズに進行するための議長心得です。

④『ガイド2』のコラム「ファシリテーション」を再読してください。会議ファシリテーター普及協会代表の釘山健一さんとP.F.ドラッカーの言葉を紹介しています。

> ＊釘山さんの『「会議ファシリテーション」の基本がイチから身につく本』（すばる舎）を読むと，ファシリテーター第一の資質は，人柄のよさにあることがよく分かる。

① 事務機器の機能について，知識がある。

1 事務機器の機能について，知識がある

　事務機器には，パソコンやファクス，プロジェクターなどがありますが，ここでは，Ｅメールの基本的な機能について見てみましょう。

事例研究① 事務機器の機能について，知識がある　　　**case study**

　山岡ますみは，取引先担当者や社内の関係者との連絡や資料のやりとりにＥメールを使うことが多くなった。情報の伝達手段として，Ｅメールの便利な点を箇条書きで四つ答えなさい。

事例解説　　　　　　　　　　　　　　　　　　　　　**instructions**

考え方のポイント

Ｅメールの基本的な機能（働き）を考える

　事例研究①のテーマは，**Ｅメールの便利な点**を挙げなさいということですから，ここはＥメールを使っているときのことをイメージしながら，書き出してみるとよいでしょう。

　このとき，「相手にすぐ送ることができる」など，Ｅメールの基本的なことから書き出していくとよいでしょう。すると，これが呼び水になって，「時間を気にせずに送ることができる」など，幾つか候補が挙がってくるでしょう。

　さて，それではここで「Ｅメールの基本的な機能」を，実際に書き表してみましょう。

Eメールの基本機能

Eメールの便利な点を挙げると，以下の解答例のようになります。確認してください。

①相手に即座に送ることができる。

②相手の時間を拘束しないので，時間を気にせず送信できる。

③送ったデータは，相手が自由に加工したり保存したりできる。

④複数の人に同時に送信することができる。

解答例の他に，「送信コストはほとんど掛からない」「メール文の内容が人目に触れにくい」などもよい。

＊『ガイド3』の事例（p.250）が，この記述問題の基本になっている。

要点整理　　　　the main point

事務機器の機能について，知識がある

事務機器の機能とビジネス実務マナー

さて，事務機器の機能を知るとは，どういうことでしょうか。機能を知っていれば，機器操作ができれば，それで全てうまくいくということなのでしょうか。

そうではないでしょう。メールを受信した人が，それを読んで不快な思いをしてしまったら，それこそ元も子もないからです。読んで感じのいいメール。これこそが求められる知識でありビジネスマナーでしょう。「心の問題」です。そして出題の意図もここにあります。

こんな事例があります。東京糸井重里事務所での「インターネット的表現法」です。

『ほぼ日』スタッフには、文章の中での「相手と自分との関係」をどう考えるか、というところを一番厳しくします。「こう言われたら、相手はこう考えちゃうでしょ？」ということで、できるだけ相手側からの視線で読んでも気持ちのいい文章を書くことを原則にしています。ま、そうそう簡単に身に付くものではありませんが、毎日、たくさん届くメールの中には、感じのいい文章、失礼ギリギリの文章な

どが混じっていますから、いいも悪いも見本はたくさん読んでいるの
で、やっているうちにわかってくるものだろうと思っています。

（糸井重里著『インターネット的』ＰＨＰ新書）

＊「ほぼ日」とは、『ほぼ日刊イトイ新聞』の略称。東京糸井重里事務
所が運営しているウェブサイト。

■ 出題の視点

検定問題では，事例研究①の他，『ガイド3』や『ガイド2』で解説し
た内容を押さえておけば，1級記述問題には十分対応できるでしょう。

■ 確認事項

①『ガイド3』の「事例研究①」と「事例解説」「要点整理」などから，
事務機器の基本機能を再確認しておいてください。

＊用語とその意味，機器の取り扱いなどについては，きちんと記述できる
ようにしておくとよい。

②『ガイド2』の「事例研究①」と「事例解説」から，コンピューターの
用語とその意味を確認しておいてください。

③『ガイド2』の「要点整理」＜事務機器の機能について，知識がある＞
から，事務機器の機能と目的を確認してください。

④『ガイド2』の「要点整理」＜出題の視点＞ から，①コンピューター
関連の用語，②関連機器の用語，③インターネット関連の用語，④ファ
クスの送信，を確認してください。

⑤ 事務用品

① 事務用品を適切に使うことができる。

1 事務用品を適切に使うことができる

　事務用品に精通している総務課の担当者は，左利き用のはさみやカッター，定規などがあることをよく知っています。でも，このことを知らない人がいると，少々説明が必要になってきます。次は，そんな事例です。検討してみましょう。

事例研究① 事務用品を適切に使うことができる　　　case study

　次の事例を読み，下の問に答えなさい。

　総務課のチーフ大下淳子は，定例の連絡会の中で，「今後，事務用品を補充するに当たっては，左利き用の定規やはさみ，カッターなども購入リストに挙げておくように」と課員に伝えた。最近，少数だが社内に左利きの人がいるのが分かり，「使い勝手がよくない。このまま放っておくわけにもいかない。これが総務課として果たすべき役割の一つでもある」と考えたからだ。だが，新人の藤田は「本当に左利き用ってあるのですか？もしあったとしても，今まで通りの物で構わないんじゃないですか。だって，左利きの人って，もう子供の頃からそれを使ってきて慣れっこになっていますよ」と言った。チーフ大下はこの藤田の配慮のなさにあきれたが，もう少し説明をしようと考えた。

　　　注）　一般的には右利き用として作られているが，もちろん，左利き用の事務用
　　　　　品もある。例えば定規の場合は，右端が「0」センチとなっている。なお，
　　　　　左利き用とともに両利き用の定規もあるが，ここでは左利き用としている。

問1　藤田の「慣れっこになっていますよ」に対し，それでも一般的な右利き用では使いにくいということを，定規（線を引くとき）を例に挙げ説明しなさい。

問2　大下が考えた「総務課として果たすべき役割」とは，どのようなことか。箇条書きで二つ答えなさい。

事例解説　　　　　　　　　　　　　　　　　　　instructions

■ 考え方のポイント

１第一段階（なぜ，不便を感じるかを考える）

　これは想像力の問題です。

　さて，問１では定規を例にとっての説明を求めています。そこでまず，30センチの定規をイメージしてみましょう。「0(ゼロ)」の目盛りは左端に設定されています。30センチの目盛りは右端です。

　この定規で「5センチ」の線を引いていく場合，右利きの人は何ら問題なくそのまま左から右へと線を引いていく。

　では左利きの人はどうか。このままではやりにくいので，「5センチ」の目盛りから「0センチ」のところまで左に引いていくことになるだろう。確かに子どもの頃からこの方法で線を引いていたら慣れてはくるだろうが，しかし，これは我慢して使っているうちに慣れてきたというだけで，今でも違和感はあるのではないか。実際，右側から線を引いていくと，左手が邪魔をして「0」の目盛りが見えない。従ってここは，左利き用の定規があれば，この方がはるかに使いやすいはずだ。

　まずはこのように，**左利きの人の立場**になって考えてみたらどうでしょうか。

　　　　　＊他にも方法はある。例えば，目盛りの数字は逆さまになるが，「0」の
　　　　　　目盛りを右にして線を引いていくやり方だ。いずれにせよ，これらは苦
　　　　　　心の結果だ。

２第二段階（総務課としての役割を考える）

　問2は，「総務課として果たすべき役割」です。では，総務課の役割とは何か。**「より、快適に、確実に業務を遂行することができる」**（服部英彦監修『**総務部**』**インデックス・コミュニケーションズ**）ように，万全のフォローアップをすることでしょう（『ガイド3』p.67）。

　すると，不便さを感じている社員に対して，その不満解消のために新たに事務用品の調達をすることが必要ではないか，などの考えが浮かんでき

ますが，さて，どうでしょうか。もちろんこの行動は，一人一人の社員に対する目配りと気遣いがあってこそのものですが。

> ＊総務課の役割についての詳細は，『ガイド3』と『ガイド2』の「業務分掌」を参照のこと。
>
> ＊用度品（事務用品，ＰＣなど）の調達も総務課の仕事の一つ。

ではここで，実際に書き表してみましょう。

事務用品の使い方

今までは皆，一般的な右利き用の事務用品を使っていましたが，もはやそういう時代でもないでしょう。次はその解答例です。確認してみましょう。

問1

左利き用の定規が必要な理由

定規のほとんどは，右利き用に作られている。でも，線を引くときの手の動かし方は，左利きと右利きとでは違う。右利きは左から右へ，左利きは右から左へと線を引いていく。この左利きの人が5センチの線を引くとき，どうするか。「5センチ」の目盛りから「0センチ」の目盛りまで引くことになる。が，これでは線を引いている左手が邪魔をして「0」の目盛りが見えなくなる。従って，「0」センチが右端にある左利き用の定規が必要となる。

問2

総務課としての役割

①社員一人一人に対して細かな目配りをすること。

②誰もが使いやすい事務用品を調達し，快適な環境の中で仕事をしてもらうこと。

問1の解答例では，「線を引く起点は『0』から始めた方が自然でやりやすい」，問2では「人はそれぞれ違うという多様性を認めること」などもよい。

> ＊解答は，「考え方のポイント」（第一段階と第二段階）で示したような書き方でも構わない。が，なるべく簡潔にまとめること。

■ 事務用品を適切に使うことができる

1 ユニバーサルデザイン

　ユニバーサルデザインという言葉があります。ここでは，この言葉の意味から「事務用品を適切に使うことができる」とはどういうことなのかを検討してみましょう。

> 高齢であることや障害の有無などにかかわらず、すべての人が快適に利用できるように製品や建造物、生活空間などをデザインすること。アメリカのロナルド＝メイスが提唱した。その7原則は、(1)だれでも公平に利用できること。(2)使う上で自由度が高いこと。(3)使い方が簡単ですぐわかること。(4)必要な情報がすぐに理解できること。(5)うっかりミスが危険につながらないデザインであること。(6)無理な姿勢を取ることなく、少ない力でも楽に使用できること。(7)近づいたり利用したりするための空間と大きさを確保すること。UD。
>
> （松村明監修『デジタル大辞泉』小学館）

　今，ユニバーサルデザインを考慮に入れた事務用品は数多くあります。両利き用に設計された定規やはさみ，カッターなどがそうです。

　そしてこれは，総務課員として知っておかなければならないことの一つでしょう。全ての人が快適に利用できる事務用品はないかと，常にアンテナを張り巡らし，左利きの人にも使いやすい物を提供していくためにも。

　もちろん，「左利きの人は，不便そうに使っているな」という**気付き**がないと，何にもならないのですが。

> ＊両利き用の定規は，右利き用の目盛り（「0」が左端）と左利き用の目盛り（「0」が右端）とが上下に付いていてとても便利だ。が，まだ世の中には「目盛りが二つも付いていてうっとうしい。目障りだ」などと言う人もいる。

　いずれにせよ，ユニバーサルデザインの考え方を踏まえながら，適切な事務用品を選んでいくことが大切でしょう。事務用品を適切に使ってもらうためにも。そしてこれが，事務用品を適切に使うことができるということにつながっていきます。

2 想像力ということ

村上陽一郎さんの『歴史としての科学』にこんな一節がありました。

> 想像力。
>
> 別段ことごとしい話ではない。例えば、公共の場で、後に続く人間のために、自分で開けた扉を支えている。された方は、会釈を返して自分も手を伸ばして扉を支える、といった、日常些細な、場合によっては「思い遣り」とか「気配り」というような語で表現されるべき話でよい。もっとも、わずかそれだけのことでも、今の日本の都会生活のなかで、どれだけ行われているか。自動扉などという代物が、そうした些細な想像力を学び培う機会を殺している。
>
> 他人のために扉を支える、ということは、自分を中心にして求心的につくられている自己の場において、その求心力の呪縛をほんのわずか解き放ってみることである。求心的に見ていたのでは見えないものを、見てとることである。後に続く人間が手を伸ばして支え返すのも同じことだ。ある大学の出入り口のスウィング・ドアでしばしば体験することだが、はね返りを防ぐために扉を支えていると、後から来た学生たちは、会釈もせずにすり抜けて通ってしまう。このとき彼らにとって、扉を支えている私は、自動扉開閉装置に過ぎない。いや、その意識さえないに違いない。
>
> 要するに想像力とは、人間誰しもが自己求心的に見ている世界、感じている世界を、何らかの形で解放し拡大してくれる力だ。
>
> （村上陽一郎著『歴史としての科学』筑摩書房）

いかがでしょうか。

そしてこのケースと同じように，右手中心に見ていては左利きの人の苦労は何一つ分からないでしょう。ここが**気遣いができるかどうかの分岐点**です。その意味で，**気遣いは想像力**あってこそのものなのでしょう。出題の意図もここにあります。**気付き**です。

> ＊感じて、気づいて、
> 理解することを覚えていきましょう。
> この一節は，以前にも何度か紹介したジェームズ・アレン（『幸福に通じる心の品格』ゴマブックス）の言葉である。そしてローレン・ミルソムさんも，感じて，気付いて，理解してもらうために「やってみません

か?」とこう語り掛けている。

「もしあなたが右利きなら、左手で日常の道具や装置を使ってみたり、何かを仕上げたり動かしたりしてみてください。／いつも使っている右手用のハサミを左手に持って、単純な形を正確に切ってみましょう。知らず知らずのうちに刃を押し広げ、上の刃が線の上にかぶさってしまいませんか? がたがたでいびつな形に切れてしまって、驚くかもしれません。親指が痛くなるかもしれません」（ローレン・ミルソム著／笹山裕子訳『左利きの子』東京書籍）。

そしてこれが気付きの第一歩。

　†ローレン・ミルソムさん。「左利きクラブ」を運営し，左利きグッズのネットショップを経営している。

出題の視点

　検定問題では，事例研究①の他，『ガイド3』や『ガイド2』で解説した内容を押さえておけば，1級記述問題には十分対応できるでしょう。

確認事項

①『ガイド3』の「事例研究①」と「事例解説」「要点整理」などから，事務用品の種類と基本機能を再確認しておいてください。

　　　＊例えば，事務用品の実物を見て①その名称を書ける，②使い方を説明できる，ようにしておくとよい。

②『ガイド2』の「事例研究①」と「事例解説」「要点整理」から，「印」についての説明を確認しておいてください。

③『ガイド2』の「V技能」から記述問題を確認しておいてください。

面接編

1級面接について

1級面接試験の課題は，第1課題，第2課題ともに「スピーチ」です。
第1課題は，指定された課題の内容に基づいてスピーチします。

> ＊Ｂ５判の用紙に印刷されている課題の内容を，与えられた時間内
> （6分間）で覚えて，それをスピーチする（全く同じである必要は
> ない）。

その第1課題の鍵は，課題の内容をきちんと読むことです。そして，この
中から自分なりのキーワードを幾つか見付け，これをつなぎ合わせて内容
を組み立てていけばよいでしょう。

第2課題は，四つのテーマから一つ選んでスピーチします。そのテーマに
は，「働き方改革について」「外国人観光客のマナー違反について」などが
あります。
でも，『ガイド1』の筆記試験をクリアしたあなたなら，この面接試験には
十分対応できるでしょう。なぜなら1級の記述問題で，文章の組み立て方
（論理性）や整合性を学んできているからです。そしてこれが聞き手にす
ぐ理解できるような内容のスピーチになります。

> ＊テーマは最近，新聞や雑誌，テレビなどで話題になっているものか
> ら選ばれている。日々の学習も大切であるゆえんである。

では第2課題の鍵はどこにあるか。あなたが選んだテーマからキーワード
を幾つか挙げ，スピーチの内容を組み立てていけばよいでしょう。
その手本は『ガイド1』の「記述編」で解説した ＜考え方のポイント＞
です。この段階（プロセス）に従って考え方をまとめていけば，それできちんとしたス
ピーチの内容（構成）が出来上がります。

> ＊新聞や雑誌などには，時事用語などいろいろな言葉の説明が紹介さ
> れている。この記事を読み，説明の仕方などを学ぶのも一つの方法
> である。そして何度も音読し，その後で自分なりの意見を加えてい
> けばよい。

それでは，面接試験の実際を，具体的に検討していきましょう。

Ⅵ

面　接

面接試験の概要

> ① 面接試験は,スピーチ2課題。
> ② 試験は,ロールプレイング(役割演技)で行う。
> ③ 審査の基準は,「ビジネス的な話の仕方で,水準が普通を超えている」。

1 面接試験の特長

　ビジネス実務マナーの面接試験の名称は,**「エグザクト(exact)スピーキング」**です。エグザクトとは,**きちんとしている**という意味です。

　では,「きちんとしている」とはどういうことなのでしょうか。**整っていて,乱れたところがない(整然としている)**ということです。**礼儀正しく感じのよい態度**ということです。

　このことを面接の場で,あなたの話の仕方(スピーチ)や態度・振る舞い,身だしなみなどから審査していきます。エグザクトスピーキングです。

　そして,あなたのスピーチにヒューマンスキルを感じることができれば,最高の表現力,パフォーマンスといえるでしょう。実践力です。面接試験(ロールプレイング)の意義,特長もここにあります。

> ＊実践力とは,いつでもどこでも通用する能力のこと。

2 面接試験の課題

第1課題

　指定された課題の内容に基づいて「話」をします。スピーチは時間にして2分間程度です。

> ＊スピーチの内容は,B5判の用紙に印刷されている。これを控室で覚える。文章の量は200文字程度のもの。

第2課題

　四つの課題の中から一つ選び,その課題の題名に基づいて「話」をします。スピーチの時間は1分間です。

3 審査の基準

1審査コンセプト

「話と話す態度がはっきりしていて，曖昧なところがない」

2審査の基準

「ビジネス的な話の仕方で，水準が普通を超えている」

> ＊ここで行うスピーチは，ビジネスの場で行われる，例えば，朝礼とか説明会，報告会などで，複数の人を対象に話すことを想定したものである。従って，ビジネスの場での日常的なものということになる。

> ＊日常的なものではあるが，実務マナー１級合格のスピーチとなると，普通の人と同じで何も変わったところがないということでは，１級の意味がないことになるので，普通は超えてもらう必要がある。

> ＊世の中の多くの人の話し方は普通だから，普通を超えるということは，この人の話し方は他の人と何か違うということを，審査していると考えておくとよい。

3審査のポイント

(1)「ビジネスの場に適応する話の仕方で，水準が普通以上である」

①	しっかりした感じである。
②	表現が適切である。
③	落ち着いている。
④	歯切れがよい。
⑤	調子にめりはりがある。
⑥	聞き手を意識した話し方である。

なお，審査のポイントは分けて説明していますが，このことをまとめていえば，**「話し方が生き生きしている」**ということになるでしょう。もちろん，**聞いている人を意識した話の仕方**はスピーチの基本です。

> ＊明るさや声の大きさも重要なポイント。

(2)「１級合格者として，ビジネスの場に適応する態度，動作である」

①	体勢，動作がきちんとしている。
②	態度に謙虚さがある。
③	服装，身だしなみが整っている。

面接試験の実際

① 試験は二人一組で行い, 所要時間は一組12分。
② 一人ずつ課題ごとに取り組む。
  (第1課題2分程度, 第2課題1分間)
③ 試験が終了したら, 二人とも審査員の前に立ち, 全体講評を受ける。
④ 全体講評の後, 退出 (二人)。

1 面接試験の進行手順

| 控室に入る | 空いている席に座り, 番号札を左胸に着けて静かに待ちます。また, 受付で渡された資料 (ビジネス実務マナー検定「1級面接試験の受け方について」) で, 試験の進行内容を確認します。 |

↓

| 課題を 受け取る | 試験の直前になると「第1課題」と「第2課題」が渡され, 指定された場所で6分間で覚えます。内容を覚えるためにメモを取るのは構いませんが, そのメモ用紙を面接室に持ち込むことはできません。
*第2課題は, 内容について考える時間が取れるように, その前に配布する。 |

↓

| 面接室に入る | 係員の案内で面接番号順に貴重品を持って入室します。①入室の際, 「失礼いたします」と挨拶をします。②荷物を所定の場所に置いたら, 面接室の中央に進みます。二人そろってから審査員に向かって, 受験番号と氏名を言います。③面接試験の進め方は, 審査員の指示に従ってください。 |

↓

| 第1課題 スピーチ | 審査員の指示に従って, 受験番号順にスピーチをします。 |

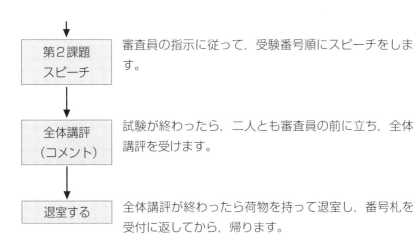

第2課題スピーチ	審査員の指示に従って，受験番号順にスピーチをします。
全体講評（コメント）	試験が終わったら，二人とも審査員の前に立ち，全体講評を受けます。
退室する	全体講評が終わったら荷物を持って退室し，番号札を受付に返してから，帰ります。

■試験は，二人一組で行い，所要時間は一組12分程度です。
■試験は，ビジネスの場でのスピーチです。
■なお，進行手順については，当日，控室と会場で係員が詳しく説明します。
■合否の結果は，面接試験日の約3週間後に，通知されます。

2 面接室のレイアウト

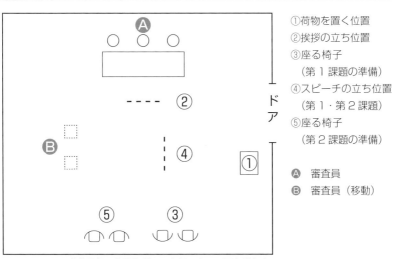

①荷物を置く位置
②挨拶の立ち位置
③座る椅子（第1課題の準備）
④スピーチの立ち位置（第1・第2課題）
⑤座る椅子（第2課題の準備）

Ⓐ 審査員
Ⓑ 審査員（移動）

※ドアや荷物置場の位置などは，会場によって異なります。

199

③ 面接室に入る

① きちんとした体勢で，入室を待つ。
② 入室時は，丁寧な立ち居振る舞いを意識する。
③ きちんとした態度で，丁寧な挨拶をする。

1 入室前の心得

　控室で，係員から名前を呼ばれたら，二人一組になって面接室に移動します。面接室には係員が案内します。

　面接室に着いたら，案内があるまで入室を待ちます。その間，身なりを整え，背筋を伸ばし，いつでもきちんとしたお辞儀と挨拶ができるようにしておきましょう。

　　　　＊もう，面接試験は始まっているという気持ちを持つこと。

2 入室時の振る舞い

　係員の案内で，一人ずつ面接室に入ります。

入室時の挨拶

　入口では一度立ち止まり，それから審査員に**「失礼いたします」**と挨拶をします。

● 前傾の姿勢で「失礼いたします」と言って，お辞儀をして入る

● 前傾の姿勢で「失礼いたします」と言って，お辞儀をして入る

200

審査員への挨拶

入口での挨拶が済んだら，審査員の前に並んで立ち，

面接番号1番，○○○○と申します。よろしくお願いいたします。

面接番号2番，△△△△と申します。よろしくお願いいたします。

と，改めて挨拶をします。ビジネスパーソンらしく，丁寧に挨拶をしましょう。1級合格への第一歩です。

＊並んで立つ場所は係員が案内する。

＊挨拶は，張りのある明るい声で。早口にならないように気を付けること。

Reference

お辞儀は心の表現

相手と面したときの礼儀が**前傾の姿勢**です。そしてこれが顧客を意識した（立てた）接し方になります。これによってビジネスパーソンとしての謹みの心も伝わります。

お辞儀は，早過ぎず遅過ぎずの適度なテンポで行います。このとき，頭だけ下げて背中が丸くならないように注意します（あごをやや引き気味にし，頭・首・背中を一直線にする）。

上体を倒した（頭を下げた）後，すぐには戻さず一瞬止め，その後，下げたときよりもゆっくりとしたテンポで戻していきます。これが心のこもった丁寧なお辞儀の仕方（『ガイド3』p.103）です。

なお，お辞儀の仕方は次ページに図示してあります。参考にしてください。

丁寧な挨拶の仕方

●最初に，背筋を伸ばし，直立の姿勢をつくる

●直立の姿勢から，前傾姿勢を取り「面接番号1番，○○○○と申します。よろしくお願いいたします」と挨拶

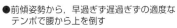

●前傾姿勢から，早過ぎず遅過ぎずの適度な
テンポで腰から上を倒す

●お辞儀をしたままの状態で，一瞬，止め
る。これが「丁寧さ」を表わす「間」

●直立の姿勢に戻すときは，下げたときより
もゆっくりとしたテンポで

◆前傾姿勢＝体を会釈程度に曲げて，お客さまの目を見て話したり聞いたりするときの姿勢。
これが，相手を立てた接し方の基本。

4 面接課題

① エグザクトスピーキング第1課題。
② エグザクトスピーキング第2課題。

1 第1課題

第1課題は，指定した課題の内容に基づいて「話」をします。

指定された内容を自分の考えとして，審査員を聴衆に見立ててスピーチ
をします。以下にその課題の一例を紹介します。検討してみましょう。

＊課題は控室で渡される。覚える時間は6分間である。

＊以下の内容を自分の考えとして，審査員の前でスピーチする。

＊スピーチの内容は課題に準じればよく，全く同じである必要はない。

第1課題 2分間スピーチ　　　　　　　　　　　　　　　case study

海のない栃木県のある町でトラフグの養殖が，町おこしに一役買っ
ているという話を聞いたので，それを話す。

この町の温泉が，海水魚が棲める性質であることが分かったため，
その温泉水を利用して，2年前にトラフグの養殖に乗り出したのだと
いう。

海の養殖は水温が下がる冬に育ちが悪くなるが，温泉水の養殖は
水温を一定に保てるため，育ちがよく半年も早く出荷できるのだとい
う。

町の新たな特産品にと関係者の夢は広がっているという。

課題解説　　　　　　　　　　　　　　　　　　　　　instructions

■ 覚え方のポイント

1 第一段階（全体を通しで読む）

課題を一通り読み，内容（全体の意味）を把握します。まずは二度ほ
ど，読んでみましょう。

＊課題文を繰り返し読むということは大切である。なぜなら，模範文でも
あるこの課題を読むことによって「スピーチの基本型」が身に付くから
である。

２第二段階（キーワードを探す）

読み終えたら，次は段落ごとにキーワードを探します。そのキーワード
を基に記憶していきますと，話がつながりやすくなります。

３第三段階（本番前に「第一課題のスピーチ」をイメージする）

以上の要領に基づいて，「第一課題のスピーチ」をイメージしてみましょ
う。次はその一例です。参考にしてください。

栃木県のある町でトラフグの養殖が町おこしに一役買っている。そ
んな話を聞きましたので，本日はそれをお話ししたいと思います。

トラフグといえば海の魚ですが，この町の温泉が，海水魚が棲める
性質であることが分かったということで，その温泉水を利用して，２
年前からトラフグの養殖に乗り出したのだそうです。

海での養殖は水温が下がる冬に育ちが悪くなるそうですが，温泉水
の養殖は水温を一定に保てるため，トラフグの育ちがよく，半年も早
く出荷できるのだそうです。

半年も早く出荷できるということは，いずれ町の新たな特産品にな
るのではないか。関係者はそのように夢を大きく広げているそうです。

以上でございます。

いかがでしょうか。これが課題文に基づいたスピーチの一例です。

4 第四段階 (「2分間スピーチ」として仕上げる)

さて，それでは以下のチェックポイント (話の仕方) を意識しながら，スピーチをしてみましょう。

(1) スピーチであることを意識する

ここはスピーチの審査なので，「ただ話しているだけ」といったレベルの話し方ではいけないということです。これが審査の大前提です。

(2) 生き生きとした話し方

「生き生きしている」とは，**しっかりとした，張りのある話し方**ということ。そのためには，**明るい，歯切れがよい，てきぱきとしている**などが求められます。従って，「えー，あのー」などの余計なことは言わないことが大切です。

　　　　　＊「えー，あのー」などが口癖になっている場合は，意識して直すこと。

(3) 声のトーン

声の大きさも重要です。声が小さいと，しっかりした感じ，整った感じがなくなり，活気のない印象になるからです。

(4) スピーチをする

さて，ここで(1)から(3)までのチェック項目 (内容) を踏まえて，第1課題を話してみましょう。あなたのペースで，何度でも繰り返しスピーチトレーニングをしてください。

　　　　　＊このトレーニングによって，「スピーチの型」が身に付く。そしてこの
　　　　　　「型」が身に付けばどのような課題にも対応できる。

2 第2課題

　第2課題は，四つのテーマの中から一つ選んで，あなたの考えを審査員の前でスピーチしていくものです。

　以下にその課題の一例を紹介します。

> ＊課題は控室で渡される。考える時間は十分にある。
>
> ＊スピーチ内容の是非は関係ない。あなたの考えをそのままスピーチすればよい。

第2課題　1分間スピーチ　　　　　　　　　　　case study

> ＊　以下の課題から一つ選び，1分間であなたの考えをスピーチしてください。
>
> 1．相撲界の外国人力士の活躍について
> 2．北方領土問題について
> 3．駅のバリアフリーについて
> 4．脱原発・要原発論議について

課題解説　　　　　　　　　　　　　　　instructions

■ スピーチのポイント

1 第一段階（課題を選ぶ）

　四つの課題の中から，自分がよく知っている話題（テーマ）を選びます。あなたが興味を持っている話題でもよいでしょう。スピーチ（話）の組み立てがしやすくなります。

　なお，ここでは**「駅のバリアフリーについて」**から検討してみましょう。

2 第二段階（選択した課題に基づいてスピーチの構成を考える）

　ここではあなたが感じた「駅のバリアフリー」について，考えていきます。

　なお，スピーチの構成は，**第1課題の文型**を参考にしてつくり上げていけばよいでしょう。以下にその文例を挙げておきました。参考にしてください。

駅のバリアフリーについて，最近，気付かされたことがありました
ので，それについてお話をしたいと思います。

　　ある日，地下鉄のエスカレーターに乗ろうとしたら，「改札方面行
き下りエスカレーターです」という音声が繰り返し流れてきました。

　　「そんなの見ればすぐ分かるわよ。なんだかうっとうしいなあ」。

　　最初はそう思ったのですが，そうではありませんでした。これは目
の不自由な方のための案内だったのです。

　　このことに気付いたとき，「自分の物差し」でしか見ていなかった
自分の身勝手さに，とても恥ずかしい気持ちになりました。

　　世の中には，高齢者の方や体の不自由な方などさまざまな人がいま
す。そのような人たちにも配慮した駅のサービスは，私に「深く思い
やる」ことを気付かせてくれたような気がします。

　　以上でございます。

　　　　　　　　＊話題に取り上げる内容は，テーマに沿っていれば何でもよい。あなたの
　　　　　　　　　思い付くことを，「型」に従ってつくり上げていく。

　　　　　　　　＊言葉を補ったり，省いたりして「1分間スピーチ」に仕上げるようにト
　　　　　　　　　レーニングすること。

　　　　　　　　＊話の仕方は，第1課題で説明した要領と同じである。

　　第1課題と第2課題が終わったら，二人とも審査員の前に立ち，全体講
評を受けます。そして，全体講評の後，荷物を持って退室します。

■なお，過去の第1課題と第2課題の出題例は，『ビジネス実務マナー検
　定実問題集1・2級』から，その傾向を確認しておいてください。
　　　　＊過去同じ課題は出題されていない。

208

引用・参考文献（順不同・敬称略）

野中郁次郎，紺野登著『美徳の経営』（ＮＴＴ出版）

野中郁次郎編『経営は哲学なり』（ナカニシヤ出版）

野中郁次郎，遠藤功著『日本企業にいま大切なこと』（PHP新書）

サミュエル・スマイルズ著／本田健訳『品性論』（三笠書房）

稲盛和夫著『生き方』（サンマーク出版）

坂本光司著『日本でいちばん大切にしたい会社』（あさ出版）

渡邉幸義著『社員みんながやさしくなった』（かんき出版）

小倉昌男著『福祉を変える経営』（日経ＢＰ社）

田坂広志著『プロフェッショナル進化論「個人シンクタンク」の時代が始まる』
（ＰＨＰビジネス新書）

田坂広志著『これから何が起こるのか 我々の働き方を変える「75の変化」』
（ＰＨＰ研究所）

有川真由美著『あたりまえだけどなかなかわからない 働く女のルール』
（明日香出版社）

平川克美著『ビジネスに「戦略」なんていらない』（洋泉社・新書y）

江副浩正著『リクルートのＤＮＡ－企業家精神とは何か』（角川oneテーマ21）

原田泳幸著『ハンバーガーの教訓』（角川oneテーマ21）

鍵山秀三郎著『凡事徹底』（致知出版社）

ダライ・ラマ14世＆ローレンス・ファン・デン・ムイゼンバーグ著／岩木貴子訳
『ダライ・ラマのビジネス入門』（マガジンハウス）

丹羽宇一郎著『負けてたまるか！若者のための仕事論』（朝日新書）

ＮＨＫ「仕事学のすすめ」制作班編『柳井正 わがドラッカー流経営論』
（ＮＨＫ出版）

上田惇生著『ドラッカー 時代を超える言葉』（ダイヤモンド社）

P.F.ドラッカー著／上田惇生，佐々木実智男，田代正美訳
『ポスト資本主義社会－21世紀の組織と人間はどう変わるか』（ダイヤモンド社）

P.F.ドラッカー著／上田惇生訳『経営者に贈る５つの質問』（ダイヤモンド社）

P.F.ドラッカー著／上田惇生編訳『ドラッカー名言集 仕事の哲学』
（ダイヤモンド社）

P.F.ドラッカー著／上田惇生編訳『ドラッカー名言集 経営の哲学』
（ダイヤモンド社）

P.F.ドラッカー著／野田一夫，村上恒夫監訳『マネジメント（上）』
（ダイヤモンド社）

P.F.ドラッカー著／野田一夫，村上恒夫監訳『マネジメント（下）』
（ダイヤモンド社）
＊『マネジメント』の訳は，風間禎三郎，久野桂，佐々木実智男，
上田惇生による
P.F.ドラッカー著／上田惇生訳『ドラッカー名著集14 マネジメント（中）』
（ダイヤモンド社）

経営書院編『改訂10版 社内規程百科』（経営書院）
経営書院編『改訂新版 組織分掌規程総覧』（経営書院）
岡本享二著『ＣＳＲ入門「企業の社会的責任」とは何か』（日経文庫）
平田雅彦著『企業倫理とは何か 石田梅岩に学ぶＣＳＲの精神』（ＰＨＰ新書）
阪本啓一著『共感企業』（日本経済新聞出版社）
吉田實男著『商家の家訓－経営者の熱きこころざし－』（清文社）
荒田弘司著『江戸商家の家訓に学ぶ 商いの原点』（すばる舎）
末永國紀著『近江商人』（中公新書）
末永國紀著『近江商人 三方よし経営に学ぶ』（ミネルヴァ書房）
末永國紀著『近江商人学入門』（淡海文庫）
後藤文顕著『カルピス創業者三島海雲の企業コミュニケーション戦略
「国利民福」の精神』（学術出版会）
北康利著『陰徳を積む 銀行王・安田善次郎伝』（新潮社）
社団法人日本工業倶楽部編『日本の実業家－近代日本を創った経済人伝記目録』
（日外アソシエーツ）

柴田実著／日本歴史学会編『人物叢書 石田梅岩（新装版）』（吉川弘文館）
井上忠著／日本歴史学会編『人物叢書 貝原益軒（新装版）』（吉川弘文館）
石田一良著／日本歴史学会編『人物叢書 伊藤仁斎（新装版）』（吉川弘文館）
土屋喬雄著／日本歴史学会編『人物叢書 渋沢栄一（新装版）』（吉川弘文館）
会田倉吉著／日本歴史学会編『人物叢書 福沢諭吉（新装版）』（吉川弘文館）
入交好脩著／日本歴史学会編『人物叢書 武藤山治（新装版）』（吉川弘文館）
楫西光速著／日本歴史学会編『人物叢書 豊田佐吉（新装版）』（吉川弘文館）
中田易直著／日本歴史学会編『人物叢書 三井高利（新装版）』（吉川弘文館）
宮本又次著／日本歴史学会編『人物叢書 鴻池善右衛門（新装版）』（吉川弘文館）
大林日出雄著／日本歴史学会編『人物叢書 御木本幸吉（新装版）』（吉川弘文館）
熊谷公男著『日本の歴史 第03巻 大王から天皇へ』（講談社）

『聖書 新共同訳』（日本聖書協会）

テツオ・ナジタ著／子安宣邦訳
　　　　　　　『NEW HISTORY 懐徳堂 18世紀日本の「徳」の諸相』（岩波書店）
加地伸行全訳注『論語』（講談社学術文庫）
金谷治訳注『論語』（岩波文庫）
渋沢栄一著／竹内均編・解説『渋沢栄一「論語」の読み方』（三笠書房）
渋沢栄一著／由井常彦監修『現代語訳 経営論語－渋沢流・仕事と生き方』
　　　　　　　　　　　　　　　　　　　　　　　　　　（ダイヤモンド社）

飯倉晴武編著『日本人のしきたり』（青春新書）
飯倉晴武監修『日本人 礼儀作法のしきたり』（青春新書）
越川禮子監修／桐山勝編著『江戸しぐさ事典』（三五館）
綿抜豊昭，陶智子編著『絵で見る 明治・大正礼儀作法事典』（柏書房）

村上陽一郎著『歴史としての科学』（筑摩書房）
E.H.カー著／清水幾太郎訳『歴史とは何か』（岩波新書）
司馬遼太郎著『街道をゆく24』（朝日新聞社）
白洲正子著『近江山河抄』（講談社文芸文庫）
ラ・ロシュフコー著／吉沢浩訳『人生の智恵 省察と箴言』（角川文庫）
トーマス・カーライル著／石田憲次訳『衣服哲学』（岩波文庫）
樋口裕一著『音楽で人は輝く』（集英社新書）
柴田龍一『ベートーヴェン「交響曲第7番イ長調作品92」「交響曲第1番ハ長調
　　　　　作品21」』
　　　　　　　ウィーン・フィルハーモニー管弦楽団
　　　　　　　指揮ウィルヘルム・フルトヴェングラー（東芝TOCE－11006）
三木清著「如何に読書すべきか」『読書と人生』所収（新潮文庫）
長谷川龍生著『詩集 直感の抱擁』（思潮社）
加島祥造著『受いれる』（小学館）
相田みつを著『ひとりしずか』（角川文庫）
シェイクスピア作／木下順二訳『マクベス』（岩波文庫）
佐藤清郎訳編『チェーホフの言葉（新装版）』（彌生書房）
浅利慶太著『時の光の中で』（文春文庫）
山崎亮／ＮＨＫ「東北発☆未来塾」制作班著『まちの幸福論』（ＮＨＫ出版）
大岡信著『日本語の豊かな使い手になるために』（太郎次郎社）
内田樹著『街場の文体論』（ミシマ社）
三島由紀夫著『文章読本』（中公文庫）
阿川佐和子著『聞く力 心をひらく35のヒント』（文春新書）
永崎一則著『コミュニケート能力の学び方 考え方』（早稲田教育出版）

糸井重里著『ボールのようなことば。』（ほぼ日文庫）

糸井重里著『インターネット的』（ＰＨＰ新書）

内田樹，岡田斗司夫 ＦＲＥＥex著『評価と贈与の経済学』（徳間ポケット）

永六輔著『商（あきんど）人）』（岩波新書）

桂文珍著『落語的学問のすすめ』（新潮文庫）

横澤彪著『接待はむずかしいねご同輩！』（ＰＨＰ文庫）

村上龍著『無趣味のすすめ』（幻冬舎）

立川談春著『赤めだか』（扶桑社）

渡瀬けん著『左利きの人々』（中経文庫）

ローレン・ミルソム著／笹山裕子訳
　　　　　　　　『左利きの子 右手社会で暮らしやすくするために』（東京書籍）

ジェームズ・アレン著／葉月イオ訳『幸福に通じる 心の品格』（ゴマブックス）

本明寛著『企業社会と態度能力』（ダイヤモンド社）

スティーブン・Ｒ・コヴィー，ジェームス・Ｊ・スキナー著／川西茂訳『７つの習慣』
　　　　　　　　　　　　　　　　　　　　　　　　　（キング・ベアー出版）

アンリ・エレンベルガー著／木村敏，中井久夫監訳
　　　　　　　　『無意識の発見（下）──力動精神医学発達史』（弘文堂）

アルフレッド・アドラー著／岸見一郎訳，野田俊作監訳
　　　　　　　　　　『個人心理学講義－生きることの科学』（一光社）

岸見一郎著『アドラー心理学入門』（ワニのNEW新書）

内田樹著『寝ながら学べる構造主義』（文春新書）

内田樹著『日本辺境論』（新潮新書）

太田肇著『承認欲求』（東洋経済新報社）

高橋克徳，河合太介，永田稔，渡部幹著
　　　　　　　　『不機嫌な職場──なぜ社員同士で協力できないのか』（講談社現代新書）

野口悠紀雄著『超「超」整理法』（講談社）

勝間和代著『効率が10倍アップする新・知的生産術
　　　　　　　　　　──自分をグーグル化する方法──』（ダイヤモンド社）

釘山健一著『「会議ファシリテーション」の基本がイチから身につく本』
　　　　　　　　　　　　　　　　　　　　　　　　　　（すばる舎）

マイケル・ドイル，デイヴィッド・ストラウス著／斎藤聖美訳
　　　　　　　　『会議が絶対うまくいく法
　　　　　　　　　　──ファシリテーター、問題解決、プレゼンテーションのコツ』
　　　　　　　　　　　　　　　　　　　　　　　　　（日本経済新聞社）

213

『Harvard Business Review「公器」の経営 2008/1』（ダイヤモンド社）
『Harvard Business Review「協力する組織」のマネジメント2008/8』
（ダイヤモンド社）
『Harvard Business Review「信頼学」2008/9』（ダイヤモンド社）
「Harvard Business Review「論語」の経営学 2009/10」（ダイヤモンド社）

松村明編『大辞林』（三省堂）
『デジタル大辞林』（三省堂）
松村明監修『大辞泉』（小学館）
『デジタル大辞泉』（小学館）
新村出編『広辞苑 第六版』（岩波書店）
時田昌瑞著『岩波ことわざ辞典』（岩波書店）
三省堂編修所編『新明解四字熟語辞典』（三省堂）
三省堂編修所編『新明解故事ことわざ辞典』（三省堂）
山田忠雄（主幹），柴田武，酒井憲二，倉持保男，山田明雄編
『新明解国語辞典 第七版』（三省堂）
諸橋轍次，渡辺末吾，鎌田正，米山寅太郎著『新漢和辞典（改訂版)』（大修館）
白川静著『常用字解』（平凡社）
白川静著『字通』（平凡社）
白川静著『字統［普及版]』（平凡社）
「日本経済新聞」（日本経済新聞社）
「日経流通新聞」（日本経済新聞社）
「読売新聞」（読売新聞社）
「毎日新聞」（毎日新聞社）
「産経新聞」（産経新聞社）
「朝日新聞」（朝日新聞社）

大阪大学「ホームページ」
大阪大学21世紀懐徳堂「ホームページ」

本書を編集するに当たって，以上の書籍等を引用，参考にさせていただきました。
この場を借りて，御礼申し上げます。

ビジネス実務マナー検定受験ガイド1級〈増補版〉

2020年3月10日　　初版発行

編　者　公益財団法人 実務技能検定協会©
発行者　笹森 哲夫
発行所　早稲田教育出版
　　　　〒169-0075　東京都新宿区高田馬場一丁目4番15号
　　　　株式会社早稲田ビジネスサービス
　　　　http://www.waseda.gr.jp
　　　　電話（03）3209-6201